Max Tilke

Studien zu der Entwicklungsgeschichte des orientalischen Kostüms

EHV
HISTORY

Max Tilke

Studien zu der Entwicklungsgeschichte des orientalischen Kostüms

ISBN/EAN: 9783955643683

Auflage: 1

Erscheinungsjahr: 2013

Erscheinungsort: Bremen, Deutschland

EHV
HISTORY

STUDIEN
ZU DER ENTWICKLUNGSGESCHICHTE
DES
ORIENTALISCHEN KOSTÜMS

VON

MAX TILKE

VORWORT

In dem Tafel-Bande („Orientalische Kostüme in Schnitt und Farbe") sind die Trachtenstücke in ihrer Form ausgebreitet und in ihrer farbigen Wirkung wiedergegeben worden. Der vorliegende Text-Band bildet im wesentlichen die theoretische Grundlegung, die die Entwicklungsgeschichte der orientalischen Kostüme behandelt. Obwohl ein selbständiges, in sich abgeschlossenes Werk — eine besondere Schlußtafel gibt gewissermaßen die genealogischen Stammbäume der hauptsächlichsten Kleidungstypen des Orients — bildet dieser Text-Band doch für jeden, der tiefer einzudringen wünscht, eine unentbehrliche Ergänzung zu den Tafeln, da hier die wesentlichen Gewandtypen eingehend im Zusammenhang behandelt werden.

Das Neue an dem vorliegenden Bande ist die Besprechung und bildliche Vorführung der Wickelgewänder, die keine genähten Kleider sind, sondern bloße Tücher, in die man sich einhüllt. Sie sind seit dem hohen Altertume im Orient vor und neben den genähten Kleidern getragen worden und sind sehr oft auf den Denkmälern dargestellt. Ihre Form und die Art, sie anzulegen, sind von Forschern, Archäologen und von Kostümgeschichtlern so oft mißdeutet worden, daß es mir der Mühe wert erschien, sie eingehender zu studieren. Wie wenige Resultate man erzielt, wenn man die Kleidung der alten Völker nur nach den vielfach stilistisch verschrobenen künstlerischen Darstellungen rekonstruieren will, kann ich gleich von vornherein versichern. Es sind auf diesem Gebiete geradezu humoristische Mißverständnisse und Irrtümer geleistet worden. Die Alten verfuhren bei der bildlichen Wiedergabe ihrer Gewänder ganz summarisch, indem sie nur die ihrer Meinung nach genügend charakterisierenden Züge wiedergaben. Abgesehen von Königsbildern sind die Kleider der weniger wichtigen Personen, wie z. B. der Gefangenen der Assyrer, sehr flüchtig behandelt und es ist daher für uns sehr schwer, zu erkennen, was gemeint ist. Die Alten, die ja aus eigener Anschauung die dargestellten Kleider kannten, konnten sich viel eher in die stilistische Darstellungsweise hineinfinden. Aus dieser Erwägung heraus habe ich versucht, mir vor allem eine möglichst lückenlose Kenntnis der heute noch getragenen Wickelgewänder zu verschaffen und auch die Art und Weise zu erlernen, wie sie am leichtesten angelegt werden. Ich hatte von Jugend auf ein besonderes Interesse für die Ausstellungen und die zur Schau gestellten Trupps fremder Völker und erfreute mich an den schlanken braunen Gestalten, die sich auf ganz eigenartige und malerische Weise in ihre großen Tücher einhüllten. Ich beobachtete, wenn möglich recht genau, wie die „Eingeborenen" sich ankleideten, machte es ihnen mit erworbenen Tüchern nach und verschaffte mir auf diese Weise eine Kenntnis der lebendigen Trachten, die ich jetzt im Interesse der Kostümgeschichte verwerte. Manche dieser Ausstellungen waren allerdings kaum der Beachtung wert; aber es gab doch ganz einwandfreie, wie die offiziellen Ausstellungen von Eingeborenen der deutschen Kolonien sowie auch der französischen, auf der Weltausstellung in Paris 1900, ebenso die des deutschen Unternehmers Hagenbeck und auch die Wildwest-Ausstellungen der Amerikaner Buffallo Bill und Carver. Da konnte man Volkstypen sehen aus Senegambien, Dahome, Togo, Nordafrika, Ägypten, Nubien, aus Ostafrika, Somali, Galla usw. Die Beduinen fehlten natürlich auch nicht, ebensowenig die Eingeborenen aus Vorder- und Hinterindien, Java, Japan und China, alle in ihrer Nationaltracht. Auch auf meinen Reisen nahm ich großes Interesse für die Anlage der Mäntel und Umschlagetücher. So beobachtete ich z. B. die Unterschiede in der Art, wie die Marokkaner, Algerier oder Tunesier ihre Haiks anlegen usw.

Natürlich kann ich hier nicht entfernt alle Arten der Umschlagetücher im einzelnen schildern, aber es sollen doch die für den Orient wichtigsten besprochen und mit den alten Denkmälern verglichen werden.

Wenn es mir gelingen sollte, von dieser beglückenden, sozusagen „Kinderfreude", die ich von früh auf bei Betrachtung der lebenden oder dargestellt bekleideten Modelle empfunden habe und die sich in jahrelangem liebevollen Studium vertieft und geläutert hat, den Lesern, großen und kleinen, etwas „abzugeben", um dadurch auch in ihnen das tätige nachschaffende Interesse wachzurufen, das die schwierige und oft mühselige Untersuchung der Bekleidung und ihrer verschiedenen Motive erst wahrhaft lebendig und fruchtbar macht, so wäre es mir der Mühe schönster Lohn. Denn, das verhehle ich mir nicht, ohne eigene Mitarbeit an den Bildern, Schnitten und womöglich an plastischen Modellen, würde der Zweck dieses Buches nur unvollkommen erreicht werden.

Bei der Herausgabe dieses Text-Bandes haben mich die Herren Dr. Helmuth Th. Bossert vom Verlag Ernst Wasmuth A.-G. sowie Dr. Wolfgang Bruhn von der Lipperheidischen Kostümbibliothek durch sorgfältige Durchsicht des Manuskriptes und Korrektur freundlich unterstützt, wofür ich ihnen auch an dieser Stelle herzlich danke.

Dezember 1922.   Max Tilke.

5

1. Kapitel

DIE EINFACHE SCHULTERDECKE UND IHRE ENTWICKLUNG ZUM HEMDGEWAND.

Abbildung 1
Altmexikanerin mit Poncho
und Hüftentuch. Nach einer
indianischen Malerei im
Codice Vaticano.

Die Grundform, aus der die meisten Gewänder, d. h. genähte Kleider, entstanden sind, ist die einfache Schulterdecke mit dem Kopfloch in der Mitte; sie besteht aus einem oblongen Stück Zeug, in dessen Mitte ein Schlitz oder ein Loch geschnitten ist. Durch dieses Loch wird der Kopf gesteckt, so daß die Decke auf den Schultern liegt und zur Hälfte nach vorn, zur Hälfte nach hinten über den Körper herabhängt. Ist die Decke schmal, so bedeckt sie nur den Rumpf; ist sie dagegen breiter, so werden auch die Arme mitbedeckt. Es gibt Schulterdecken, die nur einen kleinen Teil des Oberkörpers bekleiden und solche, die fast die ganze Gestalt einhüllen. Die einfache Schulterdecke ist im Orient fast ganz verschwunden und zum Gewande weiter entwickelt worden. In Hinterindien jedoch und im malayischen Archipel trifft man sie noch in ihren verschiedensten Entwicklungsphasen, ebenso auf den Inseln der Südsee und vor allem in Südamerika (Chile, Peru, Bolivien usw.) und in Mittel-Amerika. In Südamerika wird sie Poncho (spanisch) genannt, in Mexiko Zarápe. Schon zur Zeit der Inka und zur Zeit des von Cortez 1522 eroberten Aztekenreiches verstand man es, die Ponchos und Zarápen auf das prachtvollste auszustatten (Abb. 1). Manchmal waren diese Gewänder aus dem feinsten Wollgewebe gobelinartig in den entzückendsten und überraschendsten Mustern hergestellt, die in ihren außerordentlich geschmackvoll kombinierten Farbenharmonien kaum von der Kunst des Orients erreicht sind. Außer diesen gewebten Prachtgewändern gab es auch solche, die mit einem künstlichen Mosaik von grellschillernden Vogelfedern über und über bedeckt waren. Die Federarbeiten erregten schon bei den spanischen Eroberern die größte Bewunderung. Cortez schickte viele dieser Federgewänder an Kaiser Karl V. Jedoch gab es auch einfache, meist nur gestreifte Ponchos aus Wolle oder Baumwolle, mehr oder weniger grobe Wettermäntel, wie sie sich in jenen Ländern noch bis heute im Gebrauch erhalten haben.

Indem man die seitlichen Kanten des Vorder- und Rückenteiles durch eine Naht miteinander verband, entstand bereits ein geschlossenes Gewand, das vorläufig anstatt angesetzter Ärmel nur oben seitlich Öffnungen zum Durchstecken der Arme aufwies. Diese zugenähten Ponchos machten das eigentliche Gewand aus, während der offene Poncho mehr als Mantel diente.

Ehe aber der Poncho zu dem gewebten Kleidungsstück wurde, wie es die altamerikanischen Völker benutzten, hatte er bereits verschiedene Phasen durchgemacht. Alle diese Phasen finden wir noch heute in Amerika und bei den Naturvölkern vor.

Bis spät ins 19. Jahrhundert hinein trugen die nordamerikanischen Prärie-Indianer die einfache Schulterdecke. Sie bestand zwar nicht mehr aus einem haarigen Fell, wie

Abbildung 2

Hemdgewand und geschürzter schräger Emporwurf auf einer altbabylonischen Siegesstele von ca. 2100 v. Chr. Nach B. Meißner, Babylon.-assyr. Plastik. Leipz. 1915.

es unter den Kleidern der norwegischen Lappen vorkommt, sondern gehörte einer bereits höheren Entwicklungsstufe an. Von einem weichgegerbten Hirschfell hatte man Kopf und Hufe entfernt und in die Mitte ein Loch eingeschnitten. Die Ränder dieses sich der menschlichen Bewegung leicht anschließenden Felles, man kann auch sagen „Regendaches", waren durch kleine Einschnitte verziert und auf der Brust waren Schmuckornamente in eigenartiger plattstichähnlicher Technik, wobei in Streifen geschnittene und gefärbte Federkielposen verwendet wurden.

Anfangs hingen die Schulterdecken lose um den Oberkörper herum, später nähte man sie seitlich zu und fügte schließlich für die Arme hirschlederne Futterale derart an, daß die Naht nach unten kam und man Schmuckfransen daran setzen konnte.

Unter den Ponchos, die in peruanischen Gräbern gefunden wurden, sind auch solche mit angewebten Ärmeln. Weiter als bis zu dieser schon von den Inkas erreichten Stufe hat sich die Schulterdecke in Amerika nicht entwickelt und, was ihre künstlerische Ausstattung betrifft, so hat sie diese sogar nach und nach eingebüßt.

Will man die fernere Entwicklung der Schulterdecke kennen lernen, so muß man sie in Indonesien und in Asien bis zum vorderen Orient verfolgen. Auf Celebes findet sich die Schulterdecke zunächst wieder in einfachster Form, oft winzig schmal und aus einem Stück weichgeklopften Rindenbast hergestellt. Bei den Nihas oder Nias hat sie sich dann schon weitergebildet. Hier trägt sie, obgleich ebenfalls noch aus Rindenbast oder Pflanzenfasergeflecht (Vorstufen von Filz und Gewebe) gefertigt, bereits Ärmel und ist vorn aufgeschlitzt, so daß man sie nicht mehr über den Kopf zu ziehen braucht, sondern hineinschlüpfen kann (s. II. Kapitel).

Die Naturvölker des nördlichen Hinterindien benutzten zum Teil einfachste Schulterdecken, die bald aus grobem, fast geflechtartigem Gewebe, bald mit wage- oder senkrechten Streifen verziert sind. Bei den Karén und Mikir ist die Schulterdecke schon seitlich zugenäht und am unteren Saum mit langen Fransen versehen (Taf. 98). Bei wohlhabenden Khasifrauen ist sie oft aus europäischem Tuch hergestellt, das mit Ornamenten in persisch-indischem Stil geziert und mit den üblichen langen Fransen besetzt ist (Taf. 99).

Die seitlich geschlossene (einfache) Schulterdecke fand schon im alten Orient große Verbreitung. Beweis dafür liefern die ägyptischen Gewänder aus der Zeit des neuen Reiches (um 1400 v. Chr.), die aus thebanischen Gräbern stammen und jetzt u. a. im ägyptischen Museum zu Berlin aufbewahrt werden (Taf. 25). Diese Gewänder entstanden wie der Poncho aus einer rechteckigen zusammengeklappten Stoffbahn, in deren Mitte ein rundes Kopfloch oder ein Schlitz geschnitten wurde. Die Webekanten sind seitlich bis auf die Öffnungen für die Arme zusammengenäht. Am unteren Saume befinden sich Fransen, die aus den zusammengedrehten Kettenfäden des Gewebes bestehen. Diese Gewänder trug man auf dem nackten Leibe und umgürtete sie mit einem Schurze, der die Falten des weiten Stoffes nach vorn hin fest zusammenhielt. So sah höchstwahrscheinlich das Kleidungsstück aus, das Herodot in Ägypten kennen gelernt und als „Kalasiris" bezeichnet hat. (Herodot II. Buch 81.) Übrigens haben die Ägypter dieses Gewand nicht selbst erfunden, sondern von anderen übernommen; denn es tritt erst auf Reliefs der

Abbildung 3
Gefangener Jude im typischen vorderasiatischen Hemdgewand. Vom Relief Sanherib vor Lachisch. London Brit. Mus.

18. Dynastie unter Thutmosis III. vereinzelt auf.[1]) Zur allgemeinen Kleidung vornehmer Personen wird es erst zur Zeit Amenophis IV. (1350 v. Chr), Im Verkehr mit den ihnen meist feindlichen nordöstlichen Nachbarn werden die Ägypter neben manchem anderen Neuen auch dieses Hemdgewand kennen gelernt haben. Das nördliche Klima forderte wohl von jeher eine vollständigere Bekleidung als das sonnige Ägypten. Daß tatsächlich schon bei den „Nordländern" das Hemdgewand früher vorkommt als in Ägypten, zeigt ein babylonisches Relief aus Hamurabis Zeit (um 2100 v. Chr., Abb. 2). Auf diesem Denkmal ist nämlich ein besiegter Feind dargestellt, der mit einem langen gegürteten Hemd bekleidet ist.

Da es an Originalfunden von Gewändern des alten Vorderasiens völlig mangelt, sind wir auf die antiken Bilddarstellungen bekleideter Bewohner dieser Länder angewiesen. Freilich lassen natürlich diese Denkmäler fast stets gerade das vermissen, wovon die Originalgewänder gewöhnlich eine genügende Anschauung geben: den Zuschnitt und die Nahtstellen des Gewandes. Auf Reliefs der späteren Zeit z. B. läßt sich nur soviel feststellen, daß etwa die Assyrer lange oder kürzere fransenbesetzte Hemdgewänder tragen ebenso wie ihre besiegten Feinde, die Leute aus der Gegend des Wansee in Medien (dem heutigen Kurdistan), die Naïri, die Hethiter, Hebräer, Phöniker u. a. m. (Abb. 3 u. 4), und wir können nur vermuten, daß allen hier dargestellten Gewändern derselbe einfache Zuschnitt, die Schulterdecke, zugrunde liegt. Sicher geht aber aus den assyrischen Darstellungen von besiegten „Feinden" hervor, daß der Poncho in seiner einfachen Urform im Norden Mesopotamiens als Mantel verwendet worden ist. Gefangene der Assyrer tragen einen solchen Poncho, mit Quasten an den unteren Ecken besetzt, über dem langen Gewande (Abb. 5).

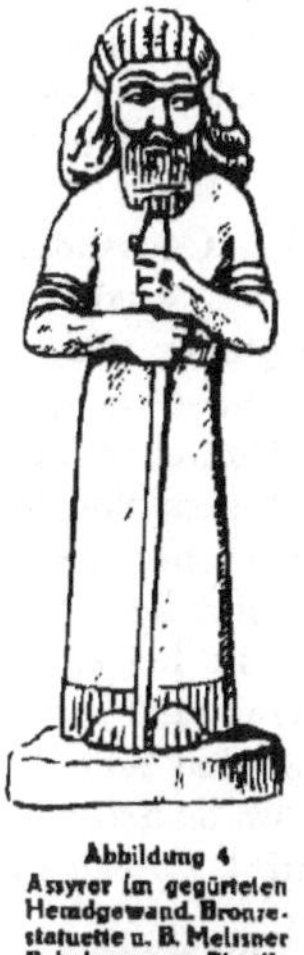

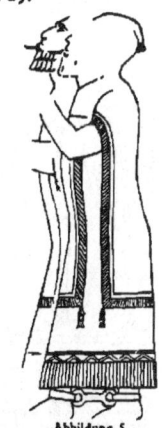

Abbildung 5
Gefangene Fürsten (Hebräer?), die den Poncho tragen. Nach einem Relief aus dem Sargonspalaste. Saal IV. Nach Botta, Monuments de Niniveh usw.

Erst aus nachchristlicher Zeit sind uns Originalgewänder erhalten, und zwar wieder in ägyptischen Gräbern, diesmal der römisch-koptischen Zeit. Es handelt sich um die Tunika mit und ohne Ärmel. Im Vergleich zu dem Gewand der 18. Dynastie (s. o.) ist sie etwas enger geworden, doch im Zuschnitt ebenso einfach. Neu ist die ornamentale Ausstattung in gobelinartiger Wirkerei, und auch das Material hat sich geändert: statt weißen Leinens oder Baumwolle wird jetzt gefärbte Wolle zur Herstellung der Gewandstoffe verarbeitet (Taf. 26). Neuartig wirkt ferner bei den koptischen Gewändern das wagerecht ausgeschnittene Halsloch (eigentlich ein schmales Viereck), das meist zwischen zwei über die Schultern laufenden Längsstreifen angebracht ist, sowie die Anfügung einer Kapuze, die wahrscheinlich von den Römern in Ägypten eingeführt wurde.[2]) Unrömisch und unägyptisch berühren die langen engen Ärmel; sie sind im Altertum vornehmlich in Kleinasien und Syrien getragen worden, wie Darstellungen von Tribut bringenden „Retennu" (Abb. 16)

Abbildung 4
Assyrer im gegürteten Hemdgewand. Bronzestatuette n. B. Meissner Babylon.-assyr. Plastik. Leipz. 1915.

---

[1]) Relief in Der el bahri, wo es der Anführer der Ägypter bei der Ankunft in Punt trägt.
[2]) Die römische Paenula (Reisemantel) hatte eine Kapuze, s. u. Kapitel Burnus.

9

(Leuten aus Kappadokien?) und Syrern auf den Siegesmälern der Pharaonen beweisen. Die klassische Zeit in Griechenland und Rom kannte keine Ärmelgewänder; der jonische Chiton, der in späterer Zeit den gefibelten Peplos verdrängte, war wie die Tunika ein ärmelloses genähtes Gewand. Beide entstanden aus demselben Urtypus wie die ägyptischen Kalasiris (s. o.), aus der Schulterdecke. Die Ärmelhemden, die in Griechenland erst nach den Perserkriegen, in Rom zur Kaiserzeit aufkamen, sind ausschließliche Tracht der Meder, Perser, Parther und Skythen. Von der medischen Kleidung wissen wir leider sehr wenig. Herodot berichtet (I. Buch 135) nur kurz, die persischen Könige und Vornehmen hätten ihre Tracht von den Medern übernommen. Verhält sich das wirklich so, dann haben wir in jenen faltenreichen und weitärmeligen Gewändern, worin Dareios, seine Schirmträger, Bogenschützen und Beamten auf den Reliefs von Persepolis einherschreiten, solche medischen Gewänder vor uns (Abb. 6). Allerdings müssen das Prachtgewänder gewesen sein von riesigen Dimensionen, reich mit Ornamenten durchwirkt. Sie waren so lang und stoffreich, daß sie am Boden nachgeschleppt hätten, wären sie nicht geschürzt oder in der Gegend der Brustwarzen hochgebunden worden.[1]

Schürzung und Bauschung ist ein ganz neues Motiv, wodurch das Aussehen des Hemdgewandes sehr erheblich verändert wird. Die rechteckige Grundform blieb jedoch dieselbe und nur die größere Länge unterschied diese persischen von den Hemdgewändern der anderen Völker des alten Orients. Dieses lange Bauschgewand medischer Form wird bis zum heutigen Tage im Orient getragen, wie u. a. ein 2 Meter langes Gewand einer abyssinischen Frau aus Eras Harar zeigt, das nach Art des „Kolpos" gebauscht und gegürtet ist.[2]) In Griechenland wurde der Kolpos erst zur Achämenidenzeit (5. Jahrh. v. Chr.) Mode, ebenso wie der alte nordische Peplos und der spätere jonische Chiton länger wurden, damit man sie modisch raffen und bauschen konnte.

Das eigentlich Neue im Schnitt des medischen Gewandes waren die weiten Ärmel. Obgleich die Reliefs keine ganz deutliche Anschauung davon geben, kann man mit großer Wahrscheinlichkeit annehmen, daß der einst enge Ärmel nur erweitert, daß also aus dem langen Rechteck ein Quadrat wurde. Solche weiten Ärmel haben sich im vorderen Orient und in dem von ihm beeinflußten Sudan und Maghreb überall erhalten und im Zuschnitt noch die primitivste Form bewahrt. Diese langen und weiten Ärmel werden, wenn sie bei einer Beschäftigung stören, auf die Schultern hinaufgerafft und überdies, um das Herunterrutschen zu verhindern, an den Säumen im Nacken zusammengeknotet. Die Länge des hindernden Gewandes wird nach Bedarf im Gürtel gebauscht. Genau so

Abbildung 6
Dareios im weiten gerafften medischen Gewand mit langen weiten Ärmeln. Relief aus Persepolis nach Texer, Description de l'Armeie.

Abbildung 7
Dareios im Löwenkampf. Persisch-medisches weites Gewand. Die untere Partie ist aufgerafft, die Ärmel ebenfalls und im Nacken zusammengebunden, um im Kampfe nicht zu hindern. Relief aus Persepolis nach E. Flandin et Coste, Voyage en Perse.

---

[1]) Man vergleiche daraufhin den bekannten Bogenschützenfries vom Palaste des Dareios, jetzt im Louvre in Paris, wo die lang herabhängenden Bänder deutlich sichtbar sind.

[2]) Abbildungen bei Ph. Paulitschke, Beiträge zur Ethnographie und Anthropologie der Somal Galla und Harari, Leipzig 1888, Taf. 39.

wie die heutigen Orientalen, verfuhren nun auch die Perser mit den medischen Gewändern. Das zeigt ein Relief aus Persepolis, das einen Achämeniden im Kampf mit einem Löwen darstellt (Abb 7).

Neben der quadratischen Form der weiten Ärmel muß sich später eine andere praktischere Form herausgebildet haben. Es blieb nämlich beim Heraufschlagen der Ärmel auf die Schultern infolge des breiten Ärmelansatzes an den Gewandkern zuviel von den Seiten des Oberkörpers unbedeckt. Diesem Übelstande half man ab, indem man zwar der Ärmelöffnung die frühere Weite ließ, aber den Ärmelloch - Ansatz reduzierte. Dadurch entstand ein dreieckiger Ärmel, dessen Spitze nach unten hing. Ob dieser Spitzärmel schon zur Zeit des Dareios üblich war, muß eine offene Frage bleiben. Das Zentrum seiner heutigen geographischen Verbreitung ist Kurdistan und Syrien (Taf. 35, 36, 80, 105). Auch der (dreieckige) Spitzärmel wird im Nacken geknotet oder um das Handgelenk gewickelt. Große Länge und Weite des Spitzärmel-Gewandes ist manchenorts sehr beliebt. Die im Nacken zusammengenommenen, lang herabfallenden Ärmel und die geschmackvolle Raffung geben der Trägerin (denn diese Riesengewänder sind heute meist für Frauen bestimmt) ein imposantes, stattliches Aussehen.[1])

Abbildung 8
Medisch-byzantinisches Frauengewand mit sehr weiten Ärmeln. Erweiterter Dalmatikatypus. Nach einem Manuskript d. 13. Jahrh. aus Kairo bei Prisse d'Avennes: «L'art arabe».

Der weite quadratische Ärmel sollte eine große Verbreitung erfahren. Die Römer fügten ihn an ihre Tunika und nannten diese zum Unterschied von der engärmeligen tunica manicata die „tunica dalmatica" (vgl. A. Rich, Dictionnaire des Antiquites Romains et Grecques, Paris 1873).

Zur Zeit der Kalifen waren die weiten Ärmel sehr in Aufnahme gekommen (Abb. 8 u. 9). Sie waren in der Regel mit einem eingewebten Querstreifen oder einer Borte, dem sogenannten Tirazband versehen. Schon Dareios trug eine solche Borte am Oberärmel (Abb. 6). Sie findet sich als altorientalisches Dekorationsmotiv an vielen Kleidern auf orientalischen Miniaturen, ist in Byzanz als Ärmelschmuck sehr beliebt gewesen und sogar auf das europäische Kleid hinübergenommen worden, wie viele Denkmäler und Malereien aus der Karolingerzeit beweisen.

Abbildung 9
Medisch-byzantinisches weitärmeliges Männergewand der Kalifenzeit. Dalmatikatypus. Die Armstreifen, die sogen. Tirazborten, sind von der medischen Tracht bis zur fränkischen übergegangen. Miniatur aus Mesopotamien um 1220 n. Chr. Nach Sarre. Ausstellung München 1910. Meisterwerke moham. Kunst.

Wie schon bemerkt, bestand die Form der alten Dalmatika nur aus dem Gewandkern und den quadratischen Ärmeln. Durch Ansätze gerader Teile, die dem unteren Teile des Gewandes angefügt und an die untere Kante der Ärmel angenäht wurden, erweiterte man sie oder verbreiterte die zu schmale Stoffbahn des Gewandkernes. Tafel 20 zeigt uns deutlich diesen neuartigen Gewandtypus, das Männerhemd der Kalifenzeit, das heute noch in Palästina, Mesopotamien und

---

[1]) In der Sammlung Wilh. Gentz fand ich ein solches Gewand aus Jerusalem, das eine Länge von 190 cm, eine obere Schulterbreite des Gewandkernes von 110 cm, eine untere von 140 cm, eine Ärmellänge von 60 cm, eine halbe Ärmelweite von 160 cm, des Ärmellochansatzes von 45 cm hatte. Auch im ethnographischen Museum von Budapest befindet sich ein ganz ähnliches Exemplar aus Jerusalem. Diese Gewänder sind aus blauem Baumwollstoff gefertigt und die Nähte mit Stichen von gelben, roten und grünen Seidenfäden verziert.

Ägypten gebräuchlich ist. (Der Ärmel besteht jetzt aus zwei Teilen, einem oberen und einem unteren, die man in der Mitte zusammennähte; er hat dadurch Mittelnähte erhalten, dagegen die Naht am Untersaume des Ärmels eingebüßt.) Dasselbe System liegt der Herstellung der Frauengewänder jener Länder zugrunde. Hierbei werden die Ärmel fast ebenso breit gemacht wie der Gewandkern lang ist (Taf. 17). Der Ärmel zeigt vorn und hinten Mittelnähte, da er aus zwei Teilen zusammengesetzt ist. Nur sind die unteren Seitenteile winzig klein geworden. Meist werden die unförmig weiten Ärmel auf die Schulter heraufgeschlagen, so daß ein sehr schöner Faltenwurf entsteht. Bei einer Spielart dieses Gewandes läßt man den winzigen Seitenteil überhaupt ganz weg und näht nur die unteren Ecken zusammen. Damit ist man wieder auf die Urform des Poncho zurückgekommen, der sich nur durch die Nähtestruktur und durch seine Weite unterscheidet. Von Ägypten aus können wir den Schnitt der „Tob oder Sebleh", so heißt jenes Frauengewand der Kalifenzeit jetzt in Ägypten, weiter nach Westen verfolgen. Die Sahara- und Sudanvölker haben u. a. besonders diese Schnittform übernommen und auf ihre Weise weitergebildet. Wenngleich diese Völker die Stoffbahnen ihrer Toben aus lauter winzigen Streifen zusammennähen, die der Schmalheit ihrer Webstühle entsprechen, so bleibt die ganze Gewandform doch dieselbe. Sogar die unteren Seitenteilchen vergißt man nicht anzufügen, wie man deutlich an der Perlhuhntobe aus Bornu (Taf. 13) sehen kann.[1]

Noch ist ein anderes Hemd zu erwähnen, das aus der Dalmatikaform entstanden ist. Es ist das in der Türkei und in Kleinasien verbreitete Hemd, das meist aus leichtem gestreiften Brussastoff hergestellt wird. Die Dalmatika hat hier eine eigenartige und sehr praktische Erweiterung erfahren dadurch, daß man an die unteren offengelassenen Ärmelkanten und an die noch nicht zusammengenähten unteren Seitenkanten des Gewandkernes einen langen geraden, nach Bedarf breiten Streifen annäht, um damit Hinter- und Vorderseite des Gewandes zu verbinden (Taf. 44). Durch diese Anfügung wird das lästige Reißen des Ärmelansatzes in der Achselhöhle vermieden.

Aus dem (S. 10) erwähnten Bericht des Herodot, die Perser hätten die medische Tracht übernommen, vermuteten wir, daß das medische Gewand jene weite Form hatte, in der uns u. a. die Könige auf den Denkmälern entgegentraten. Indes für ein Reitervolk wie die Perser war jene Tracht durchaus nicht passend. Das eigentliche persische Kriegsvolk tritt uns denn auch auf den Reliefs in einer ganz anderen neuartigen, im vorderen Orient bis dahin unbekannten Tracht vor Augen. Entsprechend dem nördlicheren rauhen Klima und dem bisher gewohnten Nomadenleben bestand ihre Tracht, ähnlich der skytischen, aus kurzen engärmeligen Kitteln, die gegürtet wurden (Abb. 10 u. 11). Dazu wurden lange Hosen, die manchmal in Schaftstiefeln steckten, und eine Kappe oder eine Art Kapuze getragen, und über den Schultern hing oft ein vorn offener Mantel mit engen Ärmeln (s. S. 14).

---

[1] Hiermit haben nichts gemeinsam die Toben des Westens (Taf. 10), die durch keilförmige Einsätze nach unten hin rockartig erweitert werden, in der Art der mittelalterlichen Rochetten (vgl. J. Braun S. J. Die liturg. Gewandung. Freiburg 1907, S. 133. Rochette des hl. Thomas Becket).

Bisher kannte man den genauen Zuschnitt dieser persischen Gewänder nicht, sondern war nur auf Vermutungen angewiesen. Vor kurzem gelang es mir nun, in Grabfunden aus Ägypten aus der Zeit von 590 – 630 n. Chr. Gewänder persischer Herkunft festzustellen. Der Direktor des Berliner ägyptischen Museums, Herr Prof. Dr. Schäfer[1]) machte mich auf jene eigenartigen, noch nicht bestimmten Gewänder aufmerksam, die ich bald an Eigentümlichkeiten, z. B. am Muster des Bortenbesatzes des Kittels und an der Ärmellänge des Überrockes als charakteristische asiatische Kleidungsstücke erkannte (Taf. 28). Allerdings stammen diese Gewänder aus der späteren Zeit, als der Sassanide Chosroes II. Vorderasien und Ägypten eroberte. Man darf daher wohl nur eine mehr oder weniger entfernte Ähnlichkeit in der Tracht der Perser, die tausend Jahre vorher in Vorderasien erschienen, mit der von mir wiedergegebenen annehmen, abgesehen davon, daß sich die verschiedenen Stämme jedenfalls nicht gleichartig kleideten.

Was uns an dem Perserkittel des Grabfundes am meisten interessieren muß, ist das neue Element, das dem Gewande angefügt ist: die Seitenkeile, die den Kittel nach unten erweitern sollen. Die Ärmel, am Handgelenk eng, am Ansatz breit, deren untere Kante geschweift zugeschnitten ist, sind ebenfalls ganz unorientalisch und muten fast neuzeitlich-europäisch an. Auch der Besatz und das dreieckige Halsloch sind bisher dem vorderen Orient nicht eigentümlich gewesen. Durch die Seitenteile, die bei dem Perserkittel bereits schräg geschnitten sind, sondert er sich von dem Gewandtypus mit den geraden Seitenteilen deutlich ab. Aber auch der persisch-sassanidische Kitteltypus hat sich im Orient neben dem anderen verbreitet und zu Hemdgewändern entwickelt, die noch heute in Ägypten, im Sudan, im nördlichen Indien usw. gebräuchlich sind (Tafeln 16, 18, 19, 84, 92).

Das Wesentliche des bis jetzt behandelten Gewandtypus bestand, wie wir festhalten müssen, darin, daß es vorn geschlossen war und deshalb über den Kopf gestreift werden mußte. Wir kommen jetzt zu einer grundlegenden Neuerung an dem Typus der einfachen Schulterdecke, zu dem vorn geöffneten, zum Hineinschlüpfen eingerichteten Gewand.

---

[1]) Herr Direktor Prof. Dr. Schäfer gab mir liebenswürdigerweise die Erlaubnis zur Veröffentlichung der Aufnahmen dieser Grabfunde, wofür ich auch an dieser Stelle danke.

DIE WEITERENTWICKLUNG DER SCHULTERDECKE ZUM VORN GEÖFFNETEN ÜBERGEWAND.

Der Typus der einfachen Schulterdecke in einer weiteren Entwicklungs-stufe fand sich in einem Kleidungsstück, das den Berghirten des süd-östlichen Kaukasus als Wettermantel dient. Ich habe einen solchen Mantel in Kach bei Nuchá in seinem Urzustande, d. h. umgenäht, als bloßes Stoff-stück, gekauft (Taf. 60). Das Stoffstück hatte die Form eines länglichen Kreuzes und war aus Filz gewalkt. Der Stamm des Kreuzes hatte die un-gefähre Länge von 160 cm, die höchste Breite betrug 110 cm. Auf die einfachste Weise wird aus diesem Filzkreuze ein Überrock hergestellt: Man klappt erst das Kreuz zusammen, schneidet den jetzt oben auf-liegenden Teil längs der Mitte fast bis zum Bruch auf, führt dann je einen schrägen Schnitt nach links und rechts oben bis zum Bruch, so daß ein Drei-eck entsteht. Das Dreieck wird auf die Hinterseite geklappt und dort festgenäht, so daß vorn ein dreieckiges Halsloch offen bleibt. Die seit-lichen Kanten und die unteren Säume der Ärmel, die aus dem Kreuz-balken entstanden sind, werden dann zusammengenäht, und der vorn geöffnete Wettermantel ist fertig. Er wird im Kaukasus Tschopús genannt und darf gewiß als eine der ältesten Gewandformen betrachtet werden. Dieser Tschopús hat nun freilich schon Ärmel, so daß wir noch eine Vor-stufe voraussetzen müssen, wo die Ärmel noch fehlen. Auch diese Urform fand sich noch, und zwar im primitiven Mantel eines Jeziden aus dem südlichen Kaukasus. Der Mantel, aus derbem gemustertem Djidjimstoff gefertigt, war vorn aufgeschlitzt, seitlich zusammengenäht und zeigte ebenfalls ein drei-eckig ausgeschnittenes Halsloch. Am Brustschlitz waren Bänder zum Zusammenschließen angenäht. Das Stoffstück, woraus dieser Mantel verfertigt ist, hatte eine Länge von 210 cm und eine Breite von ungefähr 70 cm. Schon in uralten Zeiten muß diese primitive Mantel-form im südlichen Kaukasus in derselben Weise hergestellt und getragen worden sein. Wenigstens eine ähnliche Form können wir feststellen auf einem Relief aus dem Sargons-palaste zu Khorsabad, Saal 7, wo Tributbringer aus den Gegenden nördlich von Meso-potamien abgebildet sind (Abb. 19). Der Mantel, besser Überzieher, dieser Tributbringer ist auch vorn offen und zum Zusammenschließen eingerichtet; auch ist er in ganz ähn-lichen Größenverhältnissen gehalten. Der auffallendste Unterschied zwischen dem Jeziden-mantel und dem der Tributbringer ist der, daß der Mantel der assyrischen Darstellung nach der Sitte der alten Völker an den Gewandsäumen mit Fransen besetzt ist, die an dem jezidischen fehlen. Fransen und Quasten sind bekanntlich für die Gewänder der Assyrer und ihrer Nachbarn sehr bezeichnend; auch die alten Hebräer haben die Ecken ihrer Mantelumwürfe mit Quasten besetzt, die nach Moses Gebot an bestimmten Fest-tagen purpurn gefärbt waren.

Eine Weiterentwicklung der einfachen, vorn aufgeschlitzten Schulterdecke läßt sich auf den assyrischen Reliefs nicht feststellen; jedoch schon nach wenigen Jahrhunderten erscheint auf den Wandskulpturen von Persepolis ein für diese Zeit ganz neuartiges Gewandstück: ein großer Mantel mit Ärmeln, den die Perser meist leicht über die Schulter gehängt tragen (Abb. 12). Der persische Mantel konnte mit Bändern auf der Brust zusammengebunden werden. Die auffallend langen Ärmel sind umgekrempelt. Über den genaueren Zuschnitt sowie über die Stoffart dieser Mäntel gibt uns dieses Relief leider ebensowenig Aufschluß wie etwa der Alexander-sarkophag zu Konstantinopel, wo die Perser mit ähnlichen Mänteln bekleidet sind. Nur der Art des Tragens erkennt man deutlich; der Mantel hängt mit leer herabfallenden Ärmeln lose über beide Schultern, in derselben Art, wie noch heute die Tataren und Perser ihre allerdings kompliziert zugeschnittenen Schafpelze tragen und wie sie auch bei den Russen zu beobachten ist. Die langen Ärmel sind, wie gesagt, ein asiatisches Element, ebenso wie der Kragen, an dessen unteren Enden Verschlußbänder angebracht sind. Ob der Zuschnitt des altpersischen Mantels in irgendeiner verwandschaftlichen Beziehung zu der finnisch-asiatischen Form des ungarischen Hirtenmantels, des sogen. „Szyr" (Taf. 48) und des tscheremissischen Frauenmantels steht, mag dahingestellt bleiben. Gewiß ist, daß wir in dem altpersischen Mantel den Urtypus aller späteren, vorn offenen, genähten Überröcke zu erkennen haben. Der persisch-sassanidische Überrock, den ich, wie oben erwähnt, im Berliner ägyptischen Museum vorfand, hat jedenfalls die charakteristischen langen Asiatenärmel (vgl. Taf. 27 mit Taf. 42, 91, 97, 116, 117 usw.). Er war auf der Brust durch Bänder zu schließen, deren eines sich teilweise erhalten hat. In den Achselhöhlen waren Öffnungen gelassen, wie man solche noch bei den heutigen persisch-kaukasischen Kleidern findet. Aus einem großen wollenen, seidenglänzenden Stoffstück von leicht grünspanähnlicher Färbung wurde er auf eine ganz eigentümliche Weise zugeschnitten, die auf das Kreuz des schon erwähnten Tschopús zurückführt. Der Kreuzstamm war vorn unten weit geschweift,

konvex ausgebreitet und hinten konkav geschweift, eine Spitzfindigkeit, auf die man gewiß erst ziemlich spät kam und die wohl im Zuschnitt der türkischen Djubbehs oder des Binisch wiederzuerkennen ist. Eigenartig sind ferner das viereckige Halsloch, der seitlich angebrachte Vorderschlitz und der untere quadratische Ausschnitt, der für die Bedeckung des Vorderleibes nur eine Art Klappe übrig läßt. Das persisch-arische Klappenmotiv sowie der seitliche Schlitz haben sich nach Indien, ja bis nach Birma, in allen möglichen Variationen weiterverbreitet. Aus dem seitlich geschlitzten Gewand, das auch auf Wandmalereien in Turfan nachzuweisen ist, entsteht das seitlich geschlitzte persische Hemd und schließlich die russische Bluse mit dem seitlich zu knöpfenden Kragen. Der vordere Ausschnitt an dem persischen Mantel des ägyptischen Grabfundes mag für Reiter, wie es die Perser waren, besonders praktisch gewesen sein, mag sich aber auch für die freie Bewegung der in hohen Schaftstiefeln steckenden Beine sehr bewährt haben.

Doch kehren wir wieder zu dem primitiven Jezidenmantel zurück und betrachten seine Weiterausbildung zum komplizierteren Überrock. Wir sehen bereits, wie er als Tschopús Ärmel erhielt, wie dann beim ungarischen Hirtenmantel gerade Seitenteile und der Kragen dazu kamen. Einer späteren Entwicklungsphase gehören die schräggeschnittenen Seiten-

---

[1]) Vgl. A. Grünwedel Alt-Kutscha Fig. 14 und Alt-buddhist. Kultstätten in chines. Turkestan Fig. 564.

15

ansätze oder Keile an. Bevor jedoch die Seitenansätze ihre dreieckige Form erhielten, muß man eine einfachere Zwischenstufe annehmen. Die gesuchte Übergangsform fand sich an einem Zeremonialgewande aus Tibet (Taf. 105), wo die abstehenden Seitenteile gerade verlaufen und nach oben zu in Quetschfalten zusammengenommen sind. Diese allmähliche Verjüngung nach oben zu gewahren wir in stärkerem Maße an den Frauengewändern Turkestans, am besten aber an den mittelalterlichen liturgischen Untergewändern, den „Alben".[1]) Die mittelalterlichen Alben (eigentlich sind es Hemdgewänder) haben einen seitlichen Weitezusatz von gerader Form erhalten, der aber oben zusammengefaltet und an ein in der Hüftengegend am Gewandkern angebrachtes, meist dreieckiges Stoffstückchen

Abbildung 14
Mongolische Gewandtypen. Die kleine Figur zeigt deutlich den Zuschnitt der heutigen Tibetgewänder und eine hochgeklappte Mütze, wie sie die Kirgisen tragen. Steinrelief aus dem 13. Jahrh. im Museum zu Konia. Nach Sarre. Seldschukische Kleinkunst 1909.

Abbildung 15
Mongolischer Gewandtypus mit geradem Verschluß, wie er in China und Birma neben dem schrägen vorkommt. Beide Typen beeinflußten die medisch-byzantinische Tracht des vorderen Orients, die in der Hauptsache aus Hemdgewändern bestand. Steinrelief aus dem 13. Jahrh. im Museum zu Konia. Nach Sarre. Seldschukische Kleinkunst 1909.

angekraust ist.[2]) An indischen Gewändern, den „Angarka's", finden sich ganz ähnliche Seitenteile (Taf. 97).

Die schräg geschnittenen Seitenteile gaben dem vorn offenen Überrock die größten Entwicklungsmöglichkeiten. Indem man an den Vorderschlitz oder an seine beiden Kanten (Säume) je einen schräg geschnittenen Teil ansetzte, erhielt man ein Gewand, das man vorn übereinanderklappen konnte. Die asiatischen Gewänder, die Tschapans von Turkestan, die Kaftans oder Entaris des vorderen Orient, die Gewänder der Tibetaner, der Mongolen und Chinesen sind als die besten Beispiele der Weiterbildung des primitiven Jezidenrockes und des Tschopús zu betrachten. Mögen die Vorderansätze auch zu allen möglichen Formen ausgeschweift oder -gezackt sein, das System der Anfügung bleibt immer das gleiche (Taf. 21, 24, 54, 56, 71, 89, 107, 108, 109, 118, 119, 122, 123, 125, 126). Eine weitere Anfügung an den Überrock ist der Kragen, der ursprünglich weiter nichts ist als ein Halstuch (s. Kapitel das Halstuch). Er findet sich an turkestanischen, tibetanischen und japanischen Gewändern oft angebracht.

[1]) Vgl. Joseph Braun S. J. Freiburg 1907 S 74, 77, 83 usw.
[2]) Die Armel unseres nordischen Hemdes sind auf dieselbe Art enger gemacht; der in der Achselhöhle weite Armel wird nicht etwa nach vorn zu schräg geschnitten, sondern wird in kleinen Falten an den Handgelenkbund angekraust.

Geben uns bei dem vorstehenden Versuch, die Entwicklung der Formen des Überrockes zu schildern, eine Reihe von Originalgewändern genügenden Anhalt, so fehlt an-
dererseits leider die Möglichkeit, den Zeitpunkt des Auftretens seiner einzelnen Formen
auch nur annäherungsweise zu bestimmen. Für lange Zeitstrecken fehlen in der Geschichte
des Kostüms so gut wie alle Quellen zur Datierung der verschiedenen Gewand-Ent-
wicklungstypen. Um von dem mittelalterlichen Kostüm des Orients eine ungefähre Anschauung zu bekommen, sind wir allein auf figürliche Darstellungen des orientalischen
Kunstgewerbes, auf Münzen u. dgl. angewiesen. Aus Miniaturen orientalischer Herkunft
ersehen wir, daß sich die alte medische Tracht bis zum Einbruch der Türken und Mongolen
im vorderen Orient behauptet hatte. Ich meine das gradlinige Kleid, wie es noch heute
in der sudanesischen Tobe weiterlebt. Erst nach der Katastrophe, dem Einbrechen der
Tataren in die Länder des Islam unter Dschingis Chan (1220), kann man bis dahin im
vorderen Orient nicht gekannte Kleidungsstücke nachweisen. Damals trat der Typus des
vorn übereinander geklappten Kleides auf, wie wir es heute noch in Tibet und in Indien
finden (Taf. 21, 23, 104, 107, 109). Beweis die Miniatur eines Mongolenfürsten, die nach
Sarre aus Mesopotamien stammt und um 1220 entstanden sein soll (Abb. 13). Sie stellt
einen bärtigen Mongolen mit langem Zopf dar, dessen Gewand über der Brust gekreuzt
ist, aber doch die landesüblichen Tirazbänder an den Oberärmeln zeigt. Ein anderes
Beispiel bietet ein seldschukisches Relief aus Konia vom 13. Jahrhundert [1]) (Abb. 14), wo
ebenfalls ein Mann in tibetanischem Gewand dargestellt ist. Damit ist alles, was in
historischer Hinsicht über diese orientalischen Kleidungsstücke früherer Zeiten festzustellen
möglich war, gesagt. Hoffen wir, daß die künftige Forschung weiteres Licht in die Entwicklungsgeschichte des orientalischen Kostüms zu bringen vermag.

---

[1]) Abgebildet bei F. Sarre. Erzeugnisse islamischer Kunst, Teil II. Seldschukische Kleinkunst, Abb. 8. Leipzig 1909,
Hiersemann.

DIE ZWEITEILIGE SCHULTERDECKE UND IHRE ENT-WICKLUNG ZUM GEWAND.

Neben der einfachen Schulterdecke, der ursprünglichen Grundform eines genähten Kleides, kommt auch noch eine in der Mitte geteilte, d. h. mit einer Naht versehene Form vor. Sie entsteht dadurch, daß man, um die nötige Schulterbreite zu gewinnen, zwei schmalere Webstreifen aneinandernäht und nur in der Mitte einen Schlitz zum Durchstecken des Kopfes offen läßt. Unter den Grabfunden der Inkazeit Südamerikas finden sich viele geteilte Ponchos. Weiterhin kann man den geteilten Poncho nachweisen im Stillen Ozean, in Melanesien (z. B. im Truk-Archipel), ferner in Indonesien, Hinterindien, Japan und China, Tibet und selbst im vorderen Orient, im südlichen Kaukasus, im Nestorianergebirge.

Während die Peruanerponchos aus Wolle oder Baumwolle gewebt sind, bestehen die melanesischen in der Hauptsache aus geklopftem Rindenbast, Grasgeflecht oder ähnlichem. In Hinterindien sind sie aus Baumwolle oder Wolle, Ziegenhaar oder dgl. hergestellt (Taf. 89).

Wie die einfache erhält auch die zweiteilige Schulterdecke dieselben Ansätze: Ärmel, Seitenteile, Kragenhalstuch usw. Die daraus entstandenen Gewänder sind durch eine Längsnaht in der Mitte gekennzeichnet. Zu diesem Typus gehören alle Kimonos der Japaner, die überdies oft noch durch ihr kleinkariertes Muster auf ihren Ursprung aus dem Pflanzenfasergeflecht hinweisen; ebenso die aus geflochtenen Rindenbaststreifen hergestellten Gewänder der Ainos (Taf. 126, 127, 128). Daß das heutige mongolische, chinesische, tibetanische Gewand denselben Ursprung hat, beweisen die Rücken- und Vordernähte dieser Gewänder.

Bei den heutigen chinesischen Gewändern lassen sich zwei Haupttypen unterscheiden: das vorn senkrecht offene, mit Knöpfen, Knoten oder Schlingen verschließbare Gewand und das an der rechten Seite zu schließende. Das erste ist einfacher und daher wohl ursprünglicher. Die Art des Verschlusses, jene quer über die Brust gestellten Schnüre, findet sich, wenigstens als Dekorationsmotiv, hauptsächlich bei den Turkvölkern vielseitig ausgestaltet (Taf. 118, 119, 120, 122). Diese Querlitzen dienen schließlich auch im vorderen Orient und selbst in Europa als Schmuck der Kleider. Das chinesische Gewand (Taf. 125) mit dem senkrechten Verschluß wird als ärmellose Überjacke oder als langes Untergewand mit Ärmeln getragen. Die andere Gewandart mit seitlichem Verschluß, die übrigens ebenso verwendet wird, beruht, wie schon angedeutet, auf derselben Herstellungsweise wie jene erste, nur hat sie in Gestalt einer vorderen Gewandhälfte eine Anfügung erhalten, die an die offengelassene linksseitige Mittelkante angenäht ist. Dieses Zusatzstück, dessen Außenkante sich der Figur anpaßt, erhält nun Schlingen und Knöpfe am Hals, an der oberen Brust, unter dem Arm und an der Hüfte (Taf. 123). Der Verschluß ist so von vorn nach der Seite verlegt und damit das Gewand auf einer Seite verdoppelt worden.

Die überlangen Ärmel der zentralasiatischen Gewänder, die oft im Winter als Muffe dienen, fehlen auch nicht am chinesischen Kostüm. In früherer Zeit waren sie sehr weit. Die Ärmel werden in China nicht direkt an den Gewandkern angenäht, sondern sind mit den beiden Gewandhälften aus einem Stück geschnitten, falls die zu geringe Stoffbreite nicht noch eine Ansatzverlängerung nötig macht. Die kurzen Jacken der Birmanen sind auf die gleiche Weise hergestellt. Die hinzugefügte Brustklappe, die man entweder nach rechts oder nach links knöpfen kann, ist aber hierbei bedeutend kleiner gehalten und am Rande vielfach phantastisch ausgezackt (Taf. 100). In Hinterindien, wo sich der Ponchotypus noch in seiner primitiven Form bis heute erhalten konnte, hat er eine ebenso eigenartige wie praktische Bereicherung erfahren. Er erhielt nämlich, um das Aufreißen der Mittelnaht am Ende des Halsschlitzes zu verhindern, an dieser Stelle eine Art Riegel eingewebt, der sich oft verdrei-, ja vervierfachte und leicht als dekoratives Motiv ausgestalten ließ (Taf. 98). Was aus dem primitiven Poncho durch Verwendung von europäischem Tuch und indisch-persischer Ornamentik geworden ist, zeigt das geschmackvolle Obergewand einer Khasifrau (Taf. 99), bei dem auch die Riegel ornamental gebildet sind. Jedoch sind weder diese Riegel noch die langen Fransen an den Ponchos die alleinige Erfindung der Hinterindier, sondern finden sich auch an mittelamerikanischen Ponchos, z. B. an Frauengewändern Yucatans, ja die Fransensäume waren schon bei den alten Assyrern und Äthiopiern sehr beliebt.

Zu der vorn noch geschlossenen Form der zweiteiligen Schulterdecke gesellt sich die vorn aufgeschlitzte, aus der, wie gesagt, der größte Teil der ostasiatischen Gewänder entstanden ist. Wieder

Abbildung 16
Tributbringer der Ketensen. Sie tragen Hemdgewänder mit langen engen Ärmeln, darunter Gewänder mit Mittelnaht, Quasten und Stickereien. Nach ägyptischen Malereien aus der Zeit Thutmer III. 1590 v. Chr. nach Wilkinson, Manners and Costumey.

läßt sich eine frühere Entwicklungsform dieses Gewandtypus im südlichen Kaukasus feststellen, jenem für die Forschung ungemein wichtigen Lande, das seit den ältesten Zeiten von wandernden Völkern aufgesucht worden ist, die ihre Spuren in den verborgensten Bergwinkeln und Tälern hinterließen. Ich fand diesen Gewandtypus auf zwei verschiedenen Entwicklungsstufen in dem Anzuge eines Aissoren aus dem Nestorianergebirge. Die ärmellose Überjacke (Taf. 80) war aus zwei ziemlich schmalen Streifen von sehr dickem verfilzten Wollgewebe zusammengenäht, und zwar nur auf dem Rücken; das Vorderteil blieb offen. Das Halsloch dieses Gewandes war durch einen Querschnitt entstanden, der im Gegensatz zum hinterindischen Poncho die Mittelnaht am Bruch durchkreuzte. Die Ecken der vorderen Seiten des Oberteils klappt man als Dreieck um und näht sie an, so daß ein dreieckiges Halsloch entsteht. Dem an den Seiten noch offen gelassenen Poncho fügt man unten kürzere gerade Seitenteile an, die Vorder- und Rückseite verbinden. Damit war die ärmellose Überjacke fertig. Die Unterjacken der Aissoren sind unter Weglassung der verbindenden Seitenteile ebenso hergestellt, nur fügt man an ihrer Statt gerade Ärmel an. Der Stoff der Ärmeljacke war natürlich nicht so dick wie der der Überjacke. Alle Nähte des Unterkleides, auch der Hosen, waren durch bunte Fäden zusammengehalten (Taf. 79). Die Sitte, die Nähte durch bunte Fäden zu markieren, mag wohl in den kleinasiatischen Gegenden sehr alt gewesen sein; wenigstens findet man sie wiederholt an den Gewändern der Retennu, die damals (1400 v. Chr.) im nördlichen Syrien wohnten und als Tributbringer auf ägyptischen Denkmälern dargestellt sind (Abb. 16). Da auch die meisten Retennugewänder eine betonte Mittelnaht aufweisen, darf man vermuten, daß sie aus unserem zweiteiligen Poncho entstanden sind, den dieses Volk noch in geschlossener Form trug.

19

4. Kapitel.

DIE DIAGONAL ANGELEGTE SCHULTERDECKE.

Abbildung 17
Mongolischer Kaiser im vorn senkrecht
geöffneten Gewand mit dem Schulter-
deckenornament. Miniatur des Tarikhi
Djihanpochai. 15. Jahrh. Sammlung Huart,
Paris. Man vgl. die Reliefs von Konia. S. 14.

Zu den einfachsten bisher betrachteten Gewandformen gehörte ferner die diagonal angelegte Schulterdecke, ein anderes höchst interessantes Urgewand, das sich unter den Trachtenstücken der in den Steppen am kaspischen Meere nomadisierenden Kalmücken noch erhalten hat. Ein Bestandteil der Amtstracht der Kalmückenpriester, ist sie im Grunde auch nur eine quadratische Decke mit einem Loch in der Mitte, durch das man den Kopf stecken muß, um die Decke auf die Schultern zu legen. Aber im Gegensatz zum Poncho, bei dem die vier Zipfel an den Seiten des Körpers herabhängen, legt man diese Decke diagonal an, so zwar, daß je ein Zipfel einen Arm bedeckt und die beiden andern in der Mitte des Unterleibes und des Rückens herabhängen. Diese Schulterdecke wird jetzt häufig aus chinesischem oder japanischem Brokat hergestellt und ist meist an den Kanten dekorativ ausgezackt, manchmal an den Ecken mit Quastenbehang versehen und oft auch auf der Brust aufgeschlitzt. In dieser Form findet sie sich bei fast allen lamaistischen Priestern Asiens. Früher wird sie höchstwahrscheinlich aus grobem Stoff verfertigt worden sein und als einfaches Regendach gedient haben, und es gehörte gewiß eine lange Entwicklungszeit dazu, um aus der Urform der quadratischen Decke das zierlich ausgezackte Mäntelchen der heutigen Kalmückenpriester zu machen (Taf. 106).

Ein dreieckig angelegtes Mäntelchen kann man bei der chinesischen Tracht der verflossenen Jahrhunderte feststellen. Es gehörte als eine Art von Kragen zur Vervollständigung des Anzuges von Standespersonen. Alte Miniaturen, die mongolische Kaiser darstellen, zeigen ebenfalls dieses Mäntelchen, wenn auch nur der Form nach. Es ist zur Gewandausstattung geworden und bedeckt als dreieckiges Ornament Schulter und Brust (Abb. 17).

Die mongolische Schulterdecke verliert ihre Zweckbedeutung immer mehr und wird schließlich auf Gewändern nur noch als dreieckiges Ornament angedeutet. Wir können dieses Ornament nicht nur in bildlichen Darstellungen wie den sassanidischen Figuren der Fresken von Ajanta (Höhle I) in Vorderindien (Abb. 18) und auf zahlreichen mittelalterlichen asiatischen Miniaturmalereien nachweisen, sondern auch an manchen alten in Museen aufbewahrten oder neuen noch heute gebrauchten Gewändern feststellen. Das Dreieck kommt auf Kleidern von Afghanistan und dem nördlichen Indien vor (Taf. 86 und 92), man findet es in Südarabien und Abyssinien auf Frauengewändern, im Sudan auf Gewändern der madhistischen Krieger (Taf. 16) und schließlich auf einer Tobe in Westafrika (Togo), alle im Berliner Museum für Völkerkunde. Rudimente der mongo-

20

lischen Schulterdecke sind außerdem an den abgeschrägten Ärmeln der türkischen Djamadans und vor allem an einem abyssinischen Ehrenkleide der Rohlfsschen Sammlung
im Berliner Museum zu erkennen. Dieses Gewand (vgl. Schlußtafel Nr. 38) besteht aus
einer einfachen Schulterdecke mit Halsloch, der an beiden Seiten eine Hälfte der mongolischen Decke als Armbedeckung angefügt ist. Die Rüstungen zentralindischer Nawas
aus Rajputana zeigen ebensolche, aber ausgezackte Armdecken. Die um die Wende des
12. und 13. Jahrhunderts in Spanien und Frankreich auftauchende, von den Mauren ent-
lehnte „Ganache" scheint mit der nach Abyssinien verschlagenen Gewandform in irgend-
welcher verwandtschaftlichen Beziehung zu stehen. Endlich sei noch darauf hingewiesen,
daß die scharfen Spitzen der obenerwähnten Djamadans und auch der Mintans, sowie
der persischen Frauenkaftane, deren Ärmel manchmal unten gar nicht zugenäht sind,
sondern nur als spitz zulaufende Armdecken herabhängen (Taf. 62), die Vermutung zu-
lassen, sie seien aus der mongolischen Schulterdecke entstanden.

Abbildung 18
Persische Dienerin aus der Zeit der Sassa-
niden. Hemdgewand mit Halsdreieck und
medischer Armborte. Nach einer Höhlen-
malerei von Ajanta, Indien. Vgl. Burgess,
Buddah rock tempels of Ajanta. London 1879.

21

DAS GEWAND MIT DER SCHULTERNAHT.

Wir haben jetzt eine Gewandform zu besprechen, die nicht aus der Schulterdecke, weder der einfachen noch der zweiteiligen, zusammengesetzten, hervorgegangen sein kann. Die zu dieser Gruppe gehörenden Gewänder haben alle auf der Schulter eine Naht. Als einfachste und ursprünglichste Form dieses Gewandtypus ist der Beduinenmantel, die sogenannte „Aba oder Abajeh" zu betrachten (Taf. 29, 31, 32, 33 und 81). Die Aba zeigt die Schulternaht ganz deutlich. Will man die Entstehungsart der Aba ergründen, so trennt man ihre einzige Naht[1]), die Schulternaht, wieder auf. Die aufgetrennte Aba ist weiter nichts als ein oblonges Stück Zeug, mit dem man vorläufig nichts anzufangen weiß. Aber die Richtung, in der der Stoff zusammengelegt wurde, läßt Schlüsse über die Entstehung der Aba zu. Das oblonge Stück Zeug kann ehemals nichts anderes als ein ungenähtes Umschlagetuch gewesen sein.[2]) Die Aba ist ein nur im vorderen Orient verbreitetes Gewand. Sie wird als weiter Mantel über dem üblichen Anzug getragen, und zwar als rauher Wettermantel oder als leichter Staubmantel, und findet sich hauptsächlich in Westpersien, Mesopotamien, Syrien, Palästina, Arabien und Ägypten. Ihre Herstellungsweise ist die denkbar einfachste. Das Stoffstück, oder die beiden aneinandergenähten Stoffbahnen, woraus man sie zu verfertigen gedenkt, hat meist eine ungefähre Breite von 265 cm und eine Höhe von 130 cm. Man breitet das Stoffstück aus, macht sich am oberen Rand, etwa 10 cm von der Mitte, auf jeder Seite eine Marke und legt dann die obere rechte Ecke des Stoffes an jene rechts von der Mitte angebrachte Marke. Mit der linken Ecke verfährt man entsprechend. Darauf streicht man die oben zusammenliegenden Säume glatt und näht sie zusammen. Auf solche Weise ist die Schulternaht entstanden. Macht man je einen senkrechten Einschnitt von 20 cm Länge an den oberen seitlichen Brüchen, so erhält man die Öffnungen zum Durchstecken der Hände. Die freie Öffnung von 20 cm Weite, die in der Mitte geblieben ist, dient als Halsloch und Vorderöffnung. Damit ist ein in der Form zwar plumpes Gewand geschaffen, das aber seines prächtigen Faltenwurfes und seiner geschmackvollen Ausstattung wegen zu den schönsten und zugleich einfachsten Gewändern des Orients gezählt werden darf. Meist ist die Aba aus Geweben von Kamelhaaren oder Schafwolle angefertigt, einfarbig, braun, schwarz oder weiß, so in Ostarabien und in Maskat (Taf. 29), senkrecht gestreift, schwarz-weiß oder braun-weiß meist in Syrien (Taf. 33). Am Halsloch sind Stickereien angebracht und die Schulternaht ist durch farbige Seidenstiche betont. In Damaskus, Aleppo und Persien stellte man besonders schöne Stoffe für die Aba her; sie bestehen entweder aus feiner Wolle, Halbseide oder schwerer Seide, ja sogar aus Seidenrips oder Moirée und sind fast immer sehr geschmackvoll mit Silber- und Goldornamenten durchwirkt. Die Motive dieser Ornamente sind ziemlich gleichartig gehalten: In der Regel nach unten gerichtete Stufendreiecke in Verbindung mit schmalen oder breiteren senkrechten Streifen (Taf. 31, 32, 81). An den Brustkanten sind manchmal

---

[1]) Die Mittelnaht, die bei der Aba oft vorkommt, hat nur den Zweck, die zu schmale Stoffbahn durch Anfügung einer zweiten zu verbreitern.

[2]) In der Tat fanden sich in der nubischen „Ferda", (Abb. 22), bei Umschlagetüchern von Männern aus Uganda, (Abb. 20), im altbabylonischen Frauenmantel, der allerdings entgegengesetzt angelegt wurde, (Abb. 98), ja sogar im nordischen Männerwams des Kopenhagener Moorfundes, (Abb. 21), Vorstufen zum Gewande mit der Schulternaht. Wir werden diese Vorstufen an anderer Stelle eingehender behandeln (s. S. 23—25).

kostbare Schnüre angebracht, um die Aba vorn zusammenzuschließen. Außer der großen Form unseres Mantels mit der Schulternaht gibt es noch eine kleinere Abart, die, vielfach aus groben, meist gestreiften Stoffen hergestellt, als engere Überjacke gebraucht wird. Die Überjacke eines Jeziden (s. o. S. 16 und Schlußtafel) ist ihr in der Form ganz ähnlich, nur die Nähte sind an beiden Jacken verschieden. Während der aus dem Tschopús entstandenen Jezidenjacke die Schulternaht fehlt, fehlen dieser kleinen Aba die Seitennähte. Auch der Aba fügt man häufig, wie dem Tschopús, Ärmel an; diese Form nennt man meist „Maschlah". Die kleine Maschlah ist in Syrien verbreitet, (Taf. 34), die große Aba mit den Ärmelansätzen kommt jedoch besonders in Kleinasien und im südlichen Kaukasus bei den Kurden vor (Taf. 43, 77). Die Ärmel der engen Maschlah sind immer kurz, so daß sie nur bis zum Ellenbogen reichen, und sind wie die der größeren Form quadratisch.

Daß die Maschlah, wenigstens in ihrer kleineren Form, schon im Altertum als Kleidungsstück im nördlichen Syrien üblich gewesen sein könnte, also in den Ländern der „Nairi" (wie die Assyrer sagten), läßt u. a. wieder jenes Relief aus den Ruinen des Sargonpalastes zu Chorsabad vermuten, das ich gelegentlich des Tschopús schon erwähnt habe. Unter den dort dargestellten Tributbringern fallen zwei Gestalten aus den „besiegten nordwestlichen"Ländern auf, die Säcke auf den Schultern heranschleppen. Beide Männer tragen offenbar dieselbe Kleidung, die bei dem einen von vorn, bei dem anderen von der Seite gesehen ist: ein vorn offenes viereckiges Mäntelchen über dem

Abbildung 19
Zwei Tributbringer aus Palästina. Beide tragen das übliche mit Fransen besetzte Hemdgewand, das bei dem einen gegürtet ist, und ein Übergewand, der Form der Aba entsprechend. Die Köpfe sind turbanartig umwunden. Relief aus dem Saal VI des Sargonpalastes zu Chorsobad. Nach Botta, Monuments de Niniveh.

langen Hemdgewand. Unentschieden bleibt allerdings, ob damit eine Maschlah oder eine enge Aba (also ein Überrock mit der Schulternaht oder ein Überzieher mit Seitennähten, wie der Jezidentschopús) gemeint ist, da jede Andeutung der Nähte fehlt. Die im damaligen Zeitstil begründete Darstellungsweise, die zunächst den Anschein erweckt, als läge bei dem Relief der Überrock dem Körper dicht an, darf uns nicht darüber täuschen, daß die charakteristischen Merkmale der genannten Manteltypen hier deutlich auftreten (Abb. 19).

Merkwürdigerweise haben sich seit jenen Zeiten Sargons, aus denen diese Reliefs stammen, also seit 705 v. Chr. bis fast zur neuesten Zeit nirgendwo anders mehr Darstellungen der Aba wieder gefunden. Trotzdem ist als sicher anzunehmen, daß die Aba seit jener Zeit im vorderen Orient üblich geblieben ist und sich auch weiter entwickelt hat.

Ebenso wie die bereits besprochenen Ponchotypen erhält auch die Aba Anfügungen in Gestalt von Ärmeln, Seitenteilen u. a. m. Die Männer-Salta, eine kurze Jacke, aus Syrien (Taf. 39), zeigt im Gegensatz zu dem allerdings schöner ausgestatteten, auf der Brust zugenähten Frauengewande aus der Sammlung Wilh. Gentz (Taf. 37), das eigentlich auch nur eine Maschlah ist, wie dergleichen Seitenteile an den Gewandkern angefügt worden sind. Nach Osten hin kann man die Ausbreitung der Aba als Ärmelgewand mit angesetzten Seitenteilen bis nach Kaschmir und dem nördlichen Indien verfolgen. In Kaschmir wird immer noch ein Überrock, die „Tschoga", getragen, die trotz der ganz zentralasiatischen Form Schulternähte zeigt. Die Tschoga (Taf. 87–89) hat im großen und ganzen denselben Zuschnitt wie die oben erwähnte Salta. Man kann in diesem Gewande eine seitlich aufgeschnittene enge Aba erkennen, die Seitenteile, schräge Vorderansätze und

23

Ärmel erhielt. Aus der Aba und dem turkestanischen Chalat oder besser Tschapan ist eine syrisch-asiatische Mischform entstanden.

Nach Westen hin sollte die Aba ebenfalls weiter entwickelt werden, indem sie sich den landesüblichen Formen anschloß. Direkte Darstellungen, die zeigen könnten, daß die Aba im Altertum und im Mittelalter im vorderen Orient getragen wurde, sind, wie gesagt, nicht erhalten. Aber der indirekte Nachweis, daß die Aba den arabischen Eroberern Nordafrikas bekannt gewesen sein muß, kann durch eingehende Betrachtung des nordafrikanischen Kostüms erbracht werden. Die arabischen Dynastien, die in Ägypten, Tripolis, Tunis (Kairuan), Algier, Marokko (Feß) und in Spanien herrschten, haben gewiß in der ersten Zeit ihre heimatlichen Kostüme in unverfälschter Form getragen. So findet sich die Aba noch heute in ihrer Urform in Ägypten, wo sie als Reisemantel beliebt ist. Doch schon in Tripolis kommt sie nicht mehr vor. Dagegen trifft man in Tunis und im Maghreb Gewänder an, die unbedingt aus ihr entstanden sein müssen (Taf. 1, 2, 8, 9). Da ist vor allem das in Tunis so beliebte, schöne weite Gewand die „Kandura, Gandura oder Djebba". Dieses quadratische Gewand hat nämlich im wesentlichen die Form der in den früheren römischen Provinzen üblichen Tunika bis auf Machart und Zuschnitt beibehalten. Die Kandura wird fast genau wie die Aba hergestellt, mit Schulternaht und Armschlitzen, nur ist sie vorn nicht offen, sondern senkrecht zusammengenäht und mit einem Halsloch versehen. Schulternaht und Vorderschlitznaht werden durch Bortenbesatz deutlich betont (Taf. 9). Manchmal läßt man den Brustschlitz weit offen und umgibt ihn mit reicher Stickerei. In der Kandura oder Djebba läßt sich somit deutlich ein syrisch-römischer Mischtypus erkennen. Sie hat sich allerdings vom Mantel zum Hemdgewand verwandelt, dem die seit altersher landesübliche Paenula, jetzt Burnus, als Mantel dient (Taf. 4). In Algier, wo die „Djebba" auch „Habajah" genannt wird, (Taf. 6), wird sie ebenso wie in Tunis häufig aus gestreiften, halbwollenen oder baumwollenen Stoffen hergestellt. Auch dort, wie in Tunis und Marokko, ist sie ganz quadratisch und mit Schulter- und Vordernaht versehen. In Marokko herrscht noch der alte römische Tunikatypus mit Seitennähten und quergeschnittenem Halsloch vor, der wiederum Ansätze arabisch-syrischer Art, z. B. Spitzärmel, erhält (Taf. 3). Doch auch hier finden sich maurische hemdartige Gewänder mit Schulternaht, die noch deutlich an ihre Abstammung von der Aba erinnern, da sie der Länge nach aufgeknöpft werden können (Taf. 2). Dergleichen Gewänder werden als Oberkleid oder Kaftan in Marokko gern aus einfarbigem europäischen Tuch gemacht. Die im Maghreb allgemein gebräuchliche Djellaba oder Djellabia ist, wie auch ihr Name anzudeuten scheint, aus der Aba enstanden. Dieses Gewand zeigt betonte Schulternähte und Vordernaht. Ihm sind wie der syrischen gestreiften Maschlah kurze Ärmel angesetzt worden. Außerdem hat eine Kapuze, der Paenula oder dem Burnus entlehnt, die Djellaba (Taf. 1) zu einer charakteristischen römisch-syrischen Mischform gemacht. Die Dekoration und die Farbenzusammenstellung der nordafrikanischen Gewänder entpricht heute gewiß mehr dem brutaleren Geschmack der Sahara- und Sudanvölker als jenem distinguierten der früheren, arabisch-syrisch-persischen, Kultur der Kalifenzeit.

Selbstverständlich kommen an Gewändern auch Schulternähte vor, die aus Stoffmangel herrühren oder den Zweck haben, das Stoffmuster des hinteren und der beiden vorderen Teile besser zusammenzupassen, oder endlich auch, um das Gewand den abfallenden Schultern besser anzupassen. Darauf beruht z. B. die Schulternaht-Abschrägung der auf Tafel 9 abgebildeten Kandura. Solche Nähte haben selbstverständlich mit dem besprochenen Urtypus nichts zu schaffen.[1]

---

[1] Die Schulternähte an Hemden und Blusen der nordischen Fischer (z. B. in Dänemark), der Schweizer Fuhrleute, der spanischen Maultiertreiber usw. sind anders gestaltet als die Nähte der Aba. Sie laufen an beiden Seiten eines Sattels hin, der Vorderteil und Rücken des Hemdes verbindet, und kennzeichnen eine Einfügung, die sich aus dem nordischen Urwams erklären läßt.

DAS HÜFTENTUCH UND SEINE ENTWICKLUNG ZUM GEWAND.

Eines der ältesten Mittel zur Bekleidung des Unterleibes ist das Hüftentuch. Es war besonders im Altertum fast überall verbreitet und in größerem oder kleinerem Format als Kleidungsstück verwendet. Der Schurz war bei den altorientalischen Völkern bis zur Einführung des Hemdgewandes neben dem Umschlagetuch, das als Mantel diente, die einzige Bekleidung. Ägypter, Babylonier, Hethiter, Syrer, Assyrer u. a. m. trugen ihn. Bald bedeckte der Schurz nur die Oberschenkel, bald reichte er auf die Knöchel herab. Aber auch im europäischen Norden kam er vor. In Baumsärgen der Bronzezeit Dänemarks fand man solche oblongen Stoffstücke aus Schafwolle. In einem Falle hatte dieser Lendenschurz eine Länge von 120 cm und eine Breite von 74 cm; der Stoffgürtel, der diesen Schurz zusammenhielt, war 183 cm lang. Obgleich bei einigen dieser Schurze schon ein Saum vorkommt, muß man sie doch ihres primitiven Zuschnittes wegen als ungenähte Kleidungsstücke bezeichnen.

Noch heute ist das Hüftentuch weit verbreitet, besonders bei den Naturvölkern, dann bei den Malayen, in Indien, Arabien und Afrika. Sogar in Nordafrika hat es sich unter dem Namen „Futah" in der dort vielgemischten Tracht zu behaupten gewußt. Die afrikanischen Frauen benutzen das Hüftentuch meist so, daß sie es sich über die Brust anlegen, wodurch ein langes Kleid entsteht, das nur Schultern und Arme freiläßt, die dann wieder im Bedarfsfalle mit einem anderen Tuche umhüllt werden.

Der hochgegürtete Schurz der Afrikanerinnen ist als Phase der Entwicklung des Schurzes zum Gewande sehr beachtenswert. Schlägt man nämlich die Ecken des großen Hüftentuches über je eine Schulter, so daß sie sich auf der Brust kreuzen, anstatt im oberen umgewickelten Saume über der Brust zu befestigen, und bindet sie schließlich im Nacken zusammen, so ist ein Gewandstück entstanden, worin man den Schurz kaum wiedererkennen wird. Ich konnte diesen Typus am Gewande eines Schwarzen aus Uganda (Abb. 20) feststellen und — an der männlichen Leiche des Grabfundes aus dem Kirchspiel Vendrup in Jütland, der im Kopenhagener Nordischen Museum ausgestellt ist (Abb. 21). Auch hier trägt der Mann einen gegürteten Hüftenschurz, der bis auf die Brust hinaufgezogen und vorn übereinander geklappt war. An den oberen Ecken des rechteckigen Schurzes befanden sich angenähte Bänder, die man über die Schultern führte und im Nacken zusammenknotete. Das Gewand bestand aus brauner Schafwolle, wie auch der abgerundete, durch eine Art Nadel zusammengehaltene Mantel, der die freigebliebenen Schultern und Arme bedeckte.[1]

---

[1] Während im sonnigen Süden ein leichter Mantel dem Oberkörper genügend Wärme gab, war hier im rauhen Klima ein dickerer wollener Mantel notwendig. Die nordischen Mäntel waren fast oval zugeschnitten (siehe die „Chlaina"). Einer von ihnen war 196 cm lang und in der Mitte 103 cm breit. Sie bedeckten Rücken und Schultern und waren vorn auf der Brust durch eine Holznadel oder Dorn, später durch Fibeln, zusammengesteckt. Im Orient waren diese Manteltücher oblong oder quadratisch, wie auch heute noch in Arabien, wo sie zur altgeheiligten Tracht der Mekkapilger gehören.

Abbildung 20
Mann aus dem Musikchor des Sultans von
Uganda. Seine Kleidung besteht aus drei Tüchern, die folgende Motive vertreten: Hüftentuch, nordisches Wams und Kapuze. Nach Photo
bei Buschau, Sitten der Völker. Union, Stuttg.

Abbildung 21
Schematische Darstellung des „nordischen Wamses" mit und ohne Mantel.
Nach dem Moorfunde zu Vendrup, Jütland, aus der Bronzezeit im Kopen-
hagener nordischen Museum.

Der hochgenommene, über die Schultern geführte Schurz, der sich auf der Brust
kreuzt, ist in der „Ferda", dem großen baumwollenen Umschlagetuch der Nubier, wiederzuerkennen (Abb. 22). Dieser Mantel hat zwar schon bedeutende Dimensionen angenommen, aber doch die oblonge Form bewahrt. Er wird nicht mehr im Nacken geknotet, da seine am Rücken herabhängenden Enden ihn durch ihre eigene Schwere
halten. Die Entstehung der Aba aus dem hochgegürteten Schurz soll durch eine kleine
Zeichnung verständlich gemacht werden (Abb. 23).

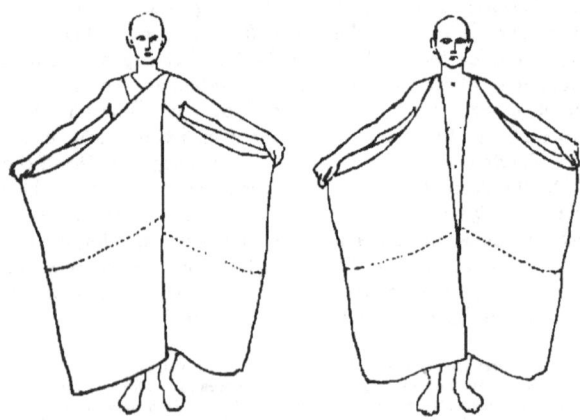

Abbildung 22
Nubischer Bischarin - Nomade
mit der Ferda. Nach Photo.

Abbildung 23
Schematische Darstellung der Entstehung der Aba aus der Ferda.

Wie der Lendenschurz zu einem andern Gewande, dem faltigen Frauenrock, werden konnte, darüber belehrt uns ebenfalls beim nordischen Grabfund des Kopenhagener Museums die weibliche Leiche (Abb. 26). Im Gegensatz zu dem noch ungenähten Anzuge des Mannes besteht das Frauenkleid bereits aus zwei zusammengenähten Gewandstücken. Der Rock der Frau wird wie beim Manne aus einem oblongen Zeugstücke von brauner Wolle gebildet, das aber zum besseren Schluß bereits zusammengenäht ist. Die Maße sind ungefähr: 115 cm Höhe und 300 cm Weite. Dieses unförmig weite Gewandstück wurde, damit es an den Hüften anliege, oben in Falten zusammengeschoben, die wieder durch einen langen Gürtel aus Schafwolle festgehalten waren. Den Oberkörper der Frauenleiche bedeckte eine kurzärmelige Jacke von eigentümlichem, an

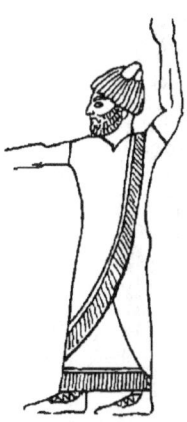

Abbildung 24
Ein „Nautch-Girl" aus Calcutta. Die Tänzerin trägt ihr leichtes, schmales Umschlagetuch aus Musselin mit Goldkante, in der Art der nubischen Ferda. Nach einer indischen Originalmalerei.

Abbildung 25
Assyrische Darstellung eines Mantels, der der nubischen Ferda ähnelt, und von „Leuten aus dem Nordwesten" unter Assordanes, dem Enkel Sanheribs, getragen wurde. Nach Layard: The monuments of Niniveh', London 1849.

Abbildung 26
Das Frauenkleid des Vendruper Moorfundes im Kopenhagener nordischen Museum. Es besteht aus einer Bluse und einem Hüftentuch, das durch einen Gürtel zu einem Rock zusammengekraust ist. Über dem Gürtelknoten sind metallene Zierscheiben angebracht.

indische Formen erinnernden, Zuschnitt. Wie die nordischen Frauen tragen besonders die Frauen des nordwestlichen Indien (z. B. in Rajputana) Leibchen und Rock getrennt, wobei öfter ein Teil des Leibes absichtlich freibleibt. Aber der Rock der Inderinnen hat bereits eine Zugschnur, durch die er an den Hüften anliegend gemacht werden kann.[1]) Einen weiteren Schritt, den der Hüftenschurz auf dem Wege zur Gewandwerdung zurückgelegt hat, sehe ich in der Verbindung oder Kombination, wie der schneidertechnische Ausdruck heißt, mit dem Wams oder Leibchen. Das war eine ganz naheliegende Entwicklung; man brauchte nur den oberen Rand des weiten nordischen Rockes in engen Falten an den unteren Saum des Wamses anzukrausen und festzunähen, und das kombinierte Gewand war fertig. Daß diese Kombination schon ziemlich früh erfunden sein muß, beweist ein Relief der Trajanssäule in Rom, das derartig bekleidete Sarmaten darstellt (Abb. 27). Als Tracht der Bauernfrauen ist die Kombination von Leibchen und Rock noch

[1]) Wahrscheinlich haben wir in der Zugschnur eine orientalische Erfindung zu sehen. Noch Adam Olearius bemerkt in der Beschreibung seiner Reise nach Rußland und Persien im 17. Jahrhundert die Schnüre, womit die Russen ihre Hosen nach Belieben enger machen könnten, als etwas Eigentümliches.

bis heute verbreitet. Im Kaukasus hat sie sich ebenfalls auf weiten Gebieten erhalten.
Man findet sie als Kleidung der Awarenfrauen in den daghestanischen Bergen und bei den
Griechenfrauen des Zentral-Kaukasus. Die Tatarenfrauen von Bortschali versehen die
Säume ihres kombinierten Gewandes mit Rüschen, die Jezidenfrauen des südlichen Kaukasus
binden, als Ersatz für den vorn weggelassenen Teil des Rockes, eine Schürze darüber
(Taf. 78).

Auch in Afghanistan ist diese Kombination vertreten. Hier ist sogar noch der zweck-
los gewordene Gürtel beibehalten. In Indien ist dieselbe Kombination schon zur Zeit der
Mogulkaiser weit verbreitet. Der Rock wird dabei an das Wams mit dem tibetanischen
Klappenverschluß, der sich auf der Brust kreuzt, angenäht (Abb. 28).

Abbildung 27

Sarmaten von der Trajanssäule in Rom. Kombination
von Wams und Rock oder Hüftentuch und Leibcheg.
Der Mann links trägt lange Hosen, gegürteten
Kittel und engen Armeln und Kappe; die Bestandteile der persisch-skytischen Tracht.

Abbildung 28

Südindischer Beamter. Rhabdaar a Subador. Sein
Gewand ist eine Kombination von mongolischem
Wams und Faltenrock. Der Verschluß ist mit Bändern hergestellt. Nach einer indisch. Originalmalerei
in der staatlichen Bibliothek Lipperheide zu Berlin.

Neben der einfachen Zusammenfügung von Wams und Rock ist noch auf einige
kompliziertere Kombinationen hinzuweisen, die man hauptsächlich an dem persisch-kaukasischen Kostüm der letzten Jahrhunderte trifft: an den Archaluks oder Beschmets, den
Tschochas oder den sogenannten Tscherkeßkas (Taf. 49, 50, 55, 57, 59, 65, 67, 68, 69
und 83). Diese Kombinationen unterscheiden sich von den bisher besprochenen dadurch,
daß sie nur teilweise Anfügungen von Rockteilen und Keilen an die untere Hälfte der
betreffenden Gewänder aufweisen. Selbst die Chewsuren, jene halbwilden Bergbewohner
des zentralen Kaukasus, stellen ihre Gewänder auf diese komplizierte Weise her. Ein Blick
auf unsere kaukasisch-persischen Gewandabbildungen wird die Art und Weise dieser
Kombinationsformen besser erläutern als alle Beschreibung.

Schließlich sei noch erwähnt, daß auch die russischen Volkstrachten stark von der
letztgenannten Kombinationsweise beeinflußt worden sind. Auch die polnische und selbst
die westeuropäische Tracht beruht zum Teil auf diesem Verfahren.[1]

---

[1] Ich erinnere z. B. an unseren modernen Frack: Dieser ist aus dem Rokokofrack entstanden, der seinerseits
wieder auf den Justaucorps zurückgeht. Beide hatten im hinteren Teile weite Einsätze, die der heutige Frack
nur rudimentär andeutet.

DER BURNUS UND SEINE VORFAHREN.

Schon zu Beginn des zweiten Jahrhunderts n. Chr. hatte sich bei den Römern ein Kleidungsstück eingebürgert, das sie hauptsächlich als Wettermantel oder Reisekleid benutzten und „paenula" benannten. Diese kommt besonders bei Soldaten vor, aber auch Kaiser Trajan selbst ist bei einer Opferszene der Trajanssäule damit bekleidet. Die Römer müssen diesen Wettermantel, der oft noch mit einer Kapuze versehen war, im Norden auf ihren Eroberungszügen kennen gelernt und seine Anwendung als äußerst praktisch erkannt haben; denn er kam bald immer mehr in Gebrauch und verdrängte schließlich das römische Nationalkleid, die Toga, ganz. Auf zahlreichen römischen Reliefs aus den nördlichen Kolonien sind die germanischen oder keltischen Gestalten mit diesem Wettermantel bekleidet. Er kommt an der Weichsel vor bei den Bastarnen, bei den Völkern an der Donau, am Rhein und in Gallien (Abb. 29–32). Hervorgegangen ist die Form dieses Mantels aus den schon oben erwähnten (S. 35 Anmerkung) nordischen Ovalmänteln, die mit einem Dorn auf Brust oder Schulter zusammengesteckt wurden. Es gab eine vorn geschlossene Form und eine vorn offene, die nur auf der Brust zusammengenäht war. Die geschlossene Form konnte aus einem rundlich geschnittenen Poncho entstanden sein; zu der offenen genügte ein halbkreisförmiges Zeugstück, das vorn, anstalt zusammengenestelt zu werden, eine Naht erhielt. Damit die tief herabhängenden Stoffmassen den Armen nicht allzuviel Bewegung nahmen, schlug man sie, wie es die Meder und die Sudanesen mit ihren weiten Gewändern machten, auf die Schultern empor. Die vorn offene Form der Paenula wurde von Soldaten und Leuten niederen Standes bevorzugt, die geschlossene Form mehr von Standespersonen. Bald wurde die Paenula auch in den oströmischen und nordafrikanischen Kolonien heimisch. Ihrer bedienten sich als Reisekleid mit oder ohne Kapuze und sogar als Amtstracht die ersten christlichen Priester. Unter dem Namen Pluviale, Planeta oder Casula lebte sie in der römisch- und griechisch-katholischen Kirche als liturgisches Obergewand weiter (Abb. 33). Bei dem neuzeitlichen, prächtig ausgestatteten Pluviale aus Seide oder Sammet, das man naturgemäß dem Regen auszusetzen sich scheut, konnte man auf die Kapuze verzichten, die sonst hinten auf dem Rücken herabhängt. Trotzdem erinnert noch an die Kapuze der Form nach ein dreieckiges Ornament aus Goldborten, die man auf dem Nackenteile des Pluviale anbringt. Auch bei der russischen Geistlichkeit ist das Pluviale in Gebrauch als Glockenkasel, manchmal bis zu den Füßen herab geschlossen, wie bei den ersten christlichen Priestern. Um die Arme frei bewegen zu können, mußten die Seitenteile der Glocke mit den gebogenen Armen emporgehalten werden. Da dieses Tragen ziemlich unbequem war, beschnitt man das Pluviale seitlich, woraus dann allmählich die neueren Kaselformen entstanden.[1]) Das Vorkommen des nordischen Pluviale in Abyssinien als fremdartigen Gewandes unter den vielen asiatischen und einheimischen Gewandtypen ließe sich wohl schwer erklären, wüßten wir nicht, daß die Abyssinier

---

[1]) Ausführliches über die Entwicklung des Pluviale und der Casula findet man bei Joseph Braun S. J. Die liturgische Gewandung, Freiburg im Breisgau, Herder-Verlag, 1907.

Abbildung 29
Paenula, vorn halbgeschlossen. Die seitlichen Teile sind auf die Schultern zurückgeschlagen, um die Arme nicht zu behindern. Von der Grabstelle eines Centurio im Vatikan zu Rom nach J. Braun. Die liturgische Gewandung. Freiburg 1907.

Abbildung 30
Geschlossene Paenula. Die Kapuze ist heruntergelassen, aber deutlich sichtbar. Vom Grabstein des Schiffers Blussus im Museum zu Mainz.

Abbildung 31
Bastarner m. Rumpfkleid, das einer schmalen Paenula ähnelt. Von Moritz Heyne als das germanische Rumpfkleid: rhoes, roplos, ript, rift usw. bezeichnet. Von der Zinne des Tropaeum Traiani. Aus Tocilescu, das Monument von Adam-Klissi. 1895. Vgl. M. Heyne, Körperpflege u. Kleidung bei den Deutschen. Leipzig 1903.

als äthiopisch-semitisches Volk seit vielen Jahrhunderten sich zum katholischen Christentum bekennen, und daß ihre Priester natürlich auch die altchristliche Amtstracht übernahmen, die sie freilich nach afrikanischem Geschmack ausgestattet haben (Taf. 14 u. Abb. 34). Allerdings hatte der alte große, halbrunde Mantel seine Urform, den Halskreis, nicht immer genau beibehalten, er ist oft sehr verkürzt und auch aus Sparsamkeitsrücksichten in seiner Weite verringert worden, so daß er oft äußerst mager aussieht (Taf. 14).

Abbildung 32
Kleine Paenula mit Kapuze, wie sie von der Bevölkerung der oberen Donau zur Zeit der römischen Kolonisation getragen wurde. Basrelief von Adam-Klissi. Nach Manuel d'Archéologie orientale par E. Babelon, Paris.

Abbildung 33
Byzantinische Priestertracht zur Zeit Justinians. Die Priester tragen eine lange weitärmelige Tunika (Dalmatika), der Bischof links eine geschlossene Paenula (Kasula), über dem Untergewand. Nach H. Weiß, Kostümkunde.

In Nordafrika ist die Paenula als Burnus bekannt und noch heute allgemein im Gebrauch. Der „Burnus" oder „Silham", wie er in Marokko heißt, ist ein einfacher Halbkreis (meist aus weißer Wolle, mit darangesetzter Kapuze), der auf der Brust durch einen gehäkelten Einsatz zusammengehalten wird. Hauptsächlich ist er in Marokko, Algier und Tunis in Gebrauch, und zwar als Mantel über der in diesen Ländern üblichen Tracht. Als Staatskleid wird er aus farbigem Tuch hergestellt und erhält Borten und Quasten an Kapuze und Brusteinsatz sowie an den beiden Eckzipfeln. Oft bringt man auf der Innenseite seiner Ecken Schmuckornamente aus verschiedenfarbiger Seide an (Taf. 4). Unter einem Tuchburnus pflegt man meist einen zweiten dünnen weißen Burnus aus

Abbildung 34

Abyssinische Mönche mit Burnus ohne Kapuze. Diese Mäntel werden aus dickfilzigem Stoff oder aus weichgegerbtem Leder gefertigt. Nach Photo von Th. v. Lüpke im Mus. f. Völkerkunde, Berlin.

Abbildung 35

Jugendlicher Grieche mit der Chlamys bekleidet, einem rechteckigen Mantel, der auf der Schulter oder der Brust gefibelt wurde und im 5. Jahrh. von Thessalien her in Griechenland eingeführt worden sein soll. Vgl. Blümmer, Leben u. Sitten der Griechen.

Wolle oder Baumwolle zu tragen, wodurch das stattliche Aussehen des Trägers sehr gehoben wird. Die Nordafrikaner ziehen, besonders bei gutem Wetter, nicht immer ihren Burnus als Wettermantel über den Kopf an, sondern tragen ihn oft in der Art des Himation (s. 10. Kapitel), oder wieder wie die Exomis (s. 9. Kapitel), wobei der gehäkelte Brusteinsatz auf der Schulter liegt und die Kapuze als Tasche unter der Armhöhle hängt. Die Maghrebiner wissen durch das Anlegen ihres Burnus einen besonders geschmackvollen Faltenwurf zu erzielen und rufen damit einen der Toga ähnlichen Eindruck hervor.

Im Kaukasus ist ein filziger oder zottiger Mantel, die Burka, üblich, zu der sich als Kapuze der Baschlik gesellt. Die Burka (Taf. 52) besteht aus einem einfachen Halbkreis, etwa wie beim Krönungsmantel Karls des Großen und bei den byzantinischen Mänteln. Sie wird nicht gefibelt, sondern am Hals zusammengebunden. Der Baschlik (Taf. 53) entspricht dem römischen Cucullus, und ist eigentlich nur ein langes Halstuch mit daran geschnittener Kapuze. Über den Kaukasus hinaus im eigentlichen Asien, hat sich der halbrunde Mantel fast gar nicht verbreitet. Als Frauenmantel aus leichten Stoffen wird er bei Turkmenen und im nordwestlichen Persien hin und wieder gebraucht.

DAS ZUSAMMENGESETZTE BEINKLEID UND DIE HOSE.

Die Hosen wurden bei den altorientalischen Völkern durch das Hüftentuch ersetzt, unter dem man meist noch ein kleineres Schamtuch trug. Hosen und Beinkleider sind zweifellos eine Erfindung der Bewohner nördlicherer, rauherer Zonen. Die assyrischen Krieger, die in früher Zeit nacktbeinig oder nur mit Sandalen an den Füßen einherliefen, sieht man in späterer Zeit, ungefähr von 700 v. Chr. an, sehr oft in engen Hosen oder Beinlingen, die von Kniebändern umgeben waren, dargestellt. Sie lernten die Hosen bei ihren nördlichen Feinden, den kimerischen, indogermanischen Völkern, die vom Kaukasus kamen, kennen. Als die Assyrer unter Sargon II. siegreich in die Gegend des Wansee vordrangen, fanden sie eine Bevölkerung vor, die Hosen trug und außerdem hohe, bis über die Waden reichende Schnürstiefel. Die Assyrer übernahmen beides, Hosen und Schnürstiefel, als Bestandteile ihrer kriegerischen Tracht. Später bringen die von den asiatischen Steppen kommenden arischen Reitervölker die Hosen nach dem vorderen Orient. Die persischen Hosen der Denkmäler sind schon weiter geworden als die der Assyrer und stecken oft in hohen Schaftstiefeln. Auch die europäischen Barbarenvölker, mit denen die Römer kämpften, kannten die Hosen, wie durch zahlreiche Darstellungen von Germanen, Galliern, Dakern, Bastarnern u. a. bezeugt wird. Von ihnen nahmen die römischen Legionäre das praktische Kleidungsstück an, sie trugen in den nordischen Kolonien enge, bis an die Waden reichende Hosen, „bracae". Ein Beinkleid, allerdings erst aus der Völkerwanderungszeit, das man im Thorsbjerger Moor (Jütland) fand, zeigt uns den germanischen Hosentypus (Abb. 36). Die früheren germanischen Hosen müssen noch recht schlecht gesessen haben, wie man an einer Bronzefigur der Pariser Nationalbibliothek sehen kann (Abb. 37), wo der römische Bildhauer das Herunterrutschen der Hosen ganz humoristisch wiedergegeben hat. Da man in jener Zeit weder Knöpfe noch Zugschnüre kannte, mußte man die oben unförmig weite Hose festgürten, was ihr nicht immer den nötigen Halt gab. Gleichwohl stellt diese Germanenhose keineswegs die früheste, sondern schon eine spätere Form der Entwicklung dar, die schon aus verschiedenen Teilen zusammengefügt war. Wir müssen nach einer anderen Form suchen, die ihr zugrunde lag. In der Tat finden wir solche Hosen bei den nordamerikanischen Indianern. Bei ihnen besteht die Hose aus vier einzelnen Teilen, nämlich aus der Leibschnur oder dem Gurt, aus der Schambinde und aus zwei Futteralen für die Beine. Diese Futterale, die Beinlinge, die den Armfutteralen, den Ärmeln, entsprechend gestaltet sind, werden mit der Naht nach außen über die Beine gezogen und mit einer am oberen Ende der Naht angebrachten Schnur am Gurt befestigt. Dieser Gurt hält zugleich die Schambinde fest. Ihr vorderes breitgezogenes Ende fällt vorn kaum bis zur Mitte des Oberschenkels herab, während das hintere Ende als langer Schwanz herunterhängt. Natürlich bleibt die Leistengegend durch derartige Hosen nur dürftig bekleidet. So kam man darauf, Schambinde und Futterale zusammenzunähen. Bei den meisten Hosentypen unserer Gewandabbildungen wird man ganz deutlich an den Nähten die Zusammenfügung der vier Teile: Gürtel, Schamtuch und die beiden Beinlinge, erkennen. Allerdings ist das Verhältnis zwischen den einzelnen Teilen der orientalischen Hosenkonstruktion ganz verschieden. Bald ist der Schambindenteil sehr winzig, bald schwillt er zu riesenhaften Dimensionen an. Die Nähte sind oft betont und manchmal reich mit Ornamenten versehen (Taf. 75). Wie die persischen Hosen noch um 600 n. Chr. ausgesehen haben, erfahren wir aus dem schon besprochenen Grabfund in Ägypten (s. o. S.). Sie bestanden aus Futteralen, die oben zweckmäßig abgeschrägt waren und am Gürtel befestigt werden konnten[1]. Eine außerordentliche Bedeutung für die Ausgestaltung der orientalischen Hose hatte die Erfindung der Zugschnur, die man durch einen umgenähten Saum führte und so zum Ankrausen der weiten Hosen an die Hüften benutzte. Die Zugschnur war ein Ersatz für den Leibgurt; ihr entspricht bei der späteren Germanenhose der Bund. Die Hose der Orientalen weist zwei voneinander abweichende Haupttypen auf, den Typus der gerade und den der schräg zueinandergestellten Teile. Bei dem ersten Typus (Taf. 6, 7 u. 11) ist das Schamtuch, gerade ausgebreitet, zwischen die Beinlinge genäht; bei dem schräggestellten ist das Schamtuch schräg nach oben zugeschnitten, so daß es ein Dreieck ohne Spitze bildet. Da man die Beinlinge an die Ränder des Dreiecks annäht, stehen sie im Winkel zueinander. Der Zweck dieser Konstruktion ist, die obere Weite der Hosen und die vielen Falten um den Leib zu verringern (Taf. 75). Variationen an der geraden Hose entstehen dadurch, daß man z. B. das meist aus zwei Teilen zusammengenähte Schamtuch vom Beinling bis zur Mittelnaht auf jeder Seite nach oben hin abschrägt (Taf. 40 u. 85) oder auch dadurch, daß man durch weiten Schnitt der Beinlinge, wie in der persisch-kaukasischen Tracht, einen Schamtuchteil überhaupt überflüssig macht, so daß ein Hosenrock entsteht (Taf. 66). Die Chinesen runden ihren schräggestellten Hosentypus im Schritt unten ab. Die weitesten Hosen findet man als Frauenbeinkleider in Algier; die ganze Weite des umgenähten Saumes, durch den die natürlich viel kürzere Hüftenschnur läuft, beträgt nicht selten 6~8 Meter. Diese Hosen gehören zum ganz geraden viereckigen Typus. Die Beinlinge sind nur durch die Naht kenntlich gemacht. Auch die Bewohner der indisch-afghanischen Grenze tragen riesige, bis zu 10 Meter weite Hosen von geradem Typus, deren Schamtuchteil aber nach der Mitte zu nach oben abgeschrägt ist (Taf. 85). Die weiten Afghanenhosen erzeugen natürlich eine Unmenge kleiner Falten, schmiegen sich aber infolge ihres schräg nach oben verlaufenden Zuschnitts den Beinen doch ziemlich gut an (Abb. 38). Bei den Völkern der Sahara und des Sudans sind ebenfalls riesige Hosen von geradem Typus beliebt. Sie sind wie die Toben aus kleinen Streifen zusammengesetzt und oft bestickt (Taf. 10). Die Frauen der Nogaiertataren im nordöstlichen Kaukasus tragen Hosen, die dem geraden türkischen Typus mit kleinem Schamtuch entsprechen, sie

Abbildung 37

Germane (Swebe) mit schlecht gegürteten Hosen und dem Sagum, einem auf der Schulter gefibelten Mantel. Die Haare sind zu einem Schopf zusammengedreht. Nach Hahne, Vorgeschichtliches Europa.

---

[1] In dieser primitiven Art fertigen noch heute die asiatischen Völker ihre Beinkleider an. Die Perser, Tibetaner und Mongolen und besonders die nördlichen Völker tragen ihre Hosen noch in uralter Weise (Taf. 103). Die bis an die Leistengegend heraufreichenden Fellstrümpfe der Tungusen oder der Jakuten sind wohl ebenfalls zu diesem Typus zu rechnen.

sind aber höchst eigenartiger Weise durch einen Einsatz erweitert, der an den inneren Säumen von Beinlingen und Schamtuch, im Schritt, herumläuft (Taf. 58). Es ist das eine ganz ähnliche Erweiterung, wie wir sie am Ärmel und Gewandkern des türkischen Hemdes fanden.

Die einfachsten Hosen macht sich der Inder aus seinem Hüftentuch, dem Dhoti (Taf. 94). Zu diesem Zweck legt er seinen Dhoti, ein oblonges Stück Baumwollstoff, meist mit farbiger Kante wie die arabischen Hüftentücher, mit der Mitte des oberen Saumes hinten auf das Kreuz, führt beide Stoffflügel nach vorn, wo er sie, ebenfalls am oberen Saum auf dem Leib irgendwie, meist durch Gürten oder Umschlagen, befestigt. Die Enden des Dhoti, die jetzt vorn herabhängen, wickelt er nach hinten hinauf um die Beine, das linke herunterhängende Ende um das linke Bein und das rechte Ende um das rechte Bein, und steckt die letzten Enden wieder im Kreuz in die Umgürtung (Abb. 39 u. 40). Auf ähnliche Weise stellen auch die Siamesen ihre Hosen aus Hüftentüchern her.

Abbildung 38

Afghanischer Krieger in voller Ausrüstung, Turban (Dastar), persisch-indisches Hemd mit seitlichem Halsloch, sehr weiten Hosen und ein plaidartiges Umschlagetuch nebst Flinte, Pulverhorn, Schild und Säbel (Talwar). Nach Forbes Watson, People of India.

Abbildung 39

Mann aus Bengalen. Er trägt einen flachen genähten Turban, eine Musselinjacke (vgl. Taf. 96), einen Schal und das zur Hose gewickelte Hüftentuch „Dhoti". Nach einer indischen Originalmalerei in der Bibliothek Lipperheide zu Berlin.

Abbildung 40

Ein südindischer mit Armbändern handelnder Brahmane. Er trägt den seine Kaste kennzeichnenden Turban, Ohrringe, Halskette, die Brahmanenschnur und den Dhoti, der einseitig zur Hose hochgenommen ist. Unter dem Arm ein kleines Umschlagetuch. Nach einer indischen Originalmalerei in der Bibliothek Lipperheide zu Berlin.

9. Kapitel

DER NORDAFRIKANISCHE HAIK, DIE EXOMIS UND DER PEPLOS.

Abbildung 41

Libyer mit dem auf einer Schulter geknoteten Mantel in ägyptischer Darstellung. Nach H. Weiß, Kostümkunde.

Die Urtracht der Libyer, wie die Alten die Bewohner Nordafrikas nannten, war ein Fellmantel, der auf einer Schulter geknotet wurde und lose um den Leib hing. Auch die alten Ägypter bedienten sich, wie noch viele heutige Afrikaner, des auf der Schulter geknoteten Mantels (vgl. Abb. 41-45). Er ist fast so weit verbreitet wie der Poncho; man trifft ihn in Tibet, auf Formosa und bei den Araukanerfrauen in Chile. Selbst im alten Mexiko war er bekannt. Die Griechen nannten diese Kleidungsform „Exomis" (vgl. Abb. 46). Dieser Gewandtypus wird dadurch besonders interessant, daß aus ihm eines der originellsten nordafrikanischen Kleidungsstücke hervorgegangen ist: Der Haik, das ungenähte Umschlagetuch, womit sich Mauren und Kabylen so ungemein malerisch einzuhüllen verstehen. Der heutige Haik ist ein langes viereckiges Tuch, meist aus weißer Wolle, doch auch gelegentlich aus naturfarbener grauer oder brauner Wolle, an den Enden mit eingewebten weißen Streifen verziert. Sehr beliebt sind außerdem quer gesteifte Haiks, deren Farbtöne den Webestoffen, wie Baumwolle, Wolle oder Seide, entsprechen. Farbige Haiks werden von Männern nicht getragen. Die durchschnittliche Größe eines Haik ist mit 450 cm zu 120 cm zu bemessen. Seine heutige Länge rührt daher, daß aus dem ursprünglichen Typus der Exomis eine Umwurfkombination geworden ist. Der Haik verlängert die Exomis um soviel, daß man noch eine Armhülle, einen schrägen Emporwurf (siehe diesen S. 40) und eine Kopfhülle herstellen kann. Man hat sogar sein Ende in der Art des „cinctus gabinus" der römischen Toga oder als Turban verwandt.

Der Haik wird folgendermaßen angelegt: Man führt das eine Ende, den oberen Ecksaum des Haik, von hinten her über die linke Schulter, zieht dann seine ganze Länge unter dem rechten Arm am Körper vorbei nach vorn oben bis zur linken Schulter und verbindet jetzt die vorn liegende Stelle des oberen Saumes mit einer der langen Fransen des auf der Schulter liegenden Ecksaumes. Damit ist die Exomis fertig. Nun führt man den vorn herunterfallenden übrigen Haikstoff in losem Bogen um den linken Arm herum bis zur rechten Schulter oder auch nach Belieben bis zum Kopf hinauf und läßt ihn von da aus auf der rechten Seite über die Schulter fallen. Das nun am Körper herabhängende Ende wird in geschickten Falten in der Art des Himation (siehe dieses S. 58) nach links oben geworfen, so daß der rechte Arm und die Brust verhüllt wird und der Endsaum mit den Fransen und Querstreifen von der linken Schulter auf den Rücken hinabhängt (vgl. Abb. 47 u. 48). Die Nordafrikaner haben eine besondere Geschicklichkeit im Anlegen ihrer Haiks und wissen durch alle möglichen Variationen in der Verwendung der Haikenden eine Gewandform zu erzielen, die nicht nur höchst malerisch, sondern auch sehr praktisch ist, da man sich dem Wetter entsprechend leichter oder fester damit um-

35

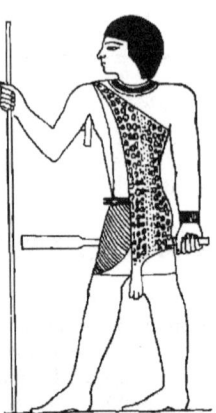

Abbildung 42

Libyer mit Fellmantel,
auf einer Schulter ge-
knotet. Darstellung auf
einer ägyptischen Fliese
aus dem Palast Ram-
ses III. zu Medinet Habu.

Abbildung 43

Libyer mit Mantel
in Exomisform von
einem Relief. Photo
im ägypt. Museum,
Berlin.

Abbildung 44

Ägypter mit dem auf einer Schulter
geknoteten Mantel aus Pantherfell.
Unter dem Fell trägt er eine andere
Exomisform von weißem Leinen.
Malerei aus der Zeit der IV. Dynastie,
nach Lepsius, Denkmäler.

Abbildung 45

Mann aus Uganda mit
dem libisch - hamitischen
auf einer Schulter geknote-
teten Mantel(Exomisform)
Nach Photo bei Buschan,
Sitten der Völker.

hüllen kann. Über den Haik zieht man besonders bei kühlem Wetter noch den Burnus
oder auch die Djellabia als Mantel. Je nach Bedarf und entsprechend der Breite des Haik
wird zwischen die Exomisschulterknoten eine Schnur oder ein Taschentuch gebunden.
Beim Reiterhaik (vgl. Abb. 49 u. 50) wird die von der Schulter herabführende Schnur,

Abbildung 46

Antike Statue des Hephästos. He-
phästor erscheint hier in der
griechischen Handwerkertracht.
Das kurze Gewand ist in der
„Exomis" genannten Art auf
einer Schulter geschlossen. Es ist
gegürtet und ersetzt das Hemdgewand, während ein kleines lose
über Schulter und Arm gelegtes
Himation den Mantel vertritt.

Abbildung 47

Ein Nordafrikaner im Haik. Hier ist die gewöhnlichste Form, in der der Haik getragen
wird, dargestellt. Unter dem Haik trägt man
meist eine Djebba, weite Hosen, oft auch eine
Weste und eine kurze türkische Jacke. Die
Füße stecken in weichen Stiefeln, über die
gelbe Pantoffeln aus Schafsleder getragen sind.
Auf dem Kopfe wird eine kleine, weiße, gesteppte
Kappe (takia), und darüber die rotwollene „Schischia" mit der blauen Seidenquaste getragen.

Abbildung 48

Ein Nordafrikaner im Haik,
wie er gewöhnlich getragen
wird. Rückenansicht.

36

Abbildung 49

Zwei Männer aus dem südlichen Algier im Reiterhaik. Beide tragen den landesüblichen Anzug, der aus einer kurzen Jacke, Weste und der weiten Hose, die mit einem gestreiften Stoßschal gegürtet ist, besteht. Der Mann rechts trägt noch über dem Haik den weißwollenen Burnus, der Mann links trägt über dem Anzug eine gestreifte Habayah, die er aber von den Schultern abgestreift und an der Schnur, die die lose Jacke zusammenhält, befestigt hat. Auf dem Kopfe unter dem Haik werden dicke steife Filzkappen getragen. Eine mehr oder weniger dicke Schnur aus Kamelhaar ersetzt den Turban und hält den Haik fest.

die am Endsaum angebracht ist, nicht mit der bewußten Stelle des vorderen oberen Saumes verbunden, sondern die ganze Breite des den unteren Vorderkörper bedeckenden Haikteiles wird zusammengerafft und in seiner Mitte mit dieser Schnur verknüpft. Dadurch entsteht in Kniehöhe oder auch oberhalb ein gardinenartiges Gehänge, das den Beinen eine freiere Bewegung gestattet. Ein besonders schöner Faltenwurf kommt zustande, wenn der Endteil, der sich links vom Gehänge befindet, geschickt nach hinten zusammengerafft so auf den Scheitel geführt wird, daß er den Nacken verhüllt und endlich sein äußerstes Ende als Turban um den Kopf geschlungen wird. Neben den großen Haiks kommen noch kleinere Formen vor, die nur Brust und Kopf verhüllen. Auf dem Kopfe unter dem Haik tragen die Nordafrikaner entweder die bekannte rote Schischia mit der blauen Quaste oder eine steife Filzkappe von runder oder auch hochgewölbter Form. In Algier tragen auch die Spahis, die Eingeborenen-Kavallerie, solche Kappen. Um den Haik auf der Kappe festzuhalten, umwickelt man ihn mit Schnüren von Kamelwolle verschiedener Stärke, oder, wie besonders die Marokkaner, mit einem Turbantuch. In Tripolis, wo der Haik von meist weißer Wolle den maghrebinischen Burnus vertritt, nennt man ihn (nach Maltzahn, Reise in Tunis und Tripolis) „Hauly" oder „Usera". Von den Ägyptern wird er Hiram genannt, was vielleicht eine Verwechslung mit dem Ihram, dem heiligen Gewande der Mekka-

Abbildung 50

Mann aus dem Innern von Tunis. Er trägt den Reiterhaik, der mit einem Taschentuch gardinenartig hoch gebunden ist. Der Haik wird durch eine dünne Schnur von Kamelhaar über dem Turban festgehalten. Unter dem Haik trägt der Mann die Djebba oder Kandura aus weißem Shirting, darunter eine Tuchweste und ein modernes engärmeliges Hemd.

pilger ist. Die tunesische Oase Dscherid ist ein Hauptherstellungsort für Haiks. Daß die Heimat des Haik in Afrika zu suchen ist, beweist seine Knotung bei der Anlage in Exomisform. Viele afrikanische Völker, die alten Ägypter wie die modernen Massai z. B., wenden bei ihren Mänteln die Knotung auf der Schulter an, die Ägypter bei ihren Pantherfellmänteln, die Massai bei ihren Leder- oder Baumwollmänteln. Die Knotung selbst ist nicht die primitive geblieben, wie wir sie bei den alten Libyern fanden (vgl. Abb. 41), sondern stellt vielfach eine sehr geschmackvolle kunstgewerbliche Leistung, meist in Lederarbeit dar, wie man an den Verschlüssen der abyssinischen Fellmäntel sehen kann.

Der Haik, besser der Haikstoff, wird nicht nur von den Männern, sondern auch von den Frauen Nordafrikas als Kleidungsstück verwandt. Der Frauenhaik ist jedoch im Gegensatz zu dem der Männer breiter, nicht so lang, aber vielfach gefärbt. In Tunis sind dunkelblau oder dunkelrot gefärbte Frauenhaiks beliebt. Vielfach sind sie gestreift, d. h. aus Wolle oder Baumwolle gewebt, mit seidenen Streifen durchschossen, so daß der im Ton gleichmäßig gefärbte Haikstoff durch die glänzenden Seidenstreifen eine lebhaftere Nüancierung erfährt. Die ärmeren Nomadenfrauen kleiden sich jedoch meist in blauen oder buntkarierten Kattun. Die Frauen legen ihren Haik auf eine andere Weise an wie die Männer. Die Maghrebinerinnen benutzen zwar auch den Haik in Exomisform, seine Verlängerung dient aber nicht wie beim Männerhaik als Schulterumwurf, sondern wird als Gürtel um den Leib gewickelt (vgl. Abb. 51). Die Städterinnen tragen den Haik ähnlich wie die Männer als Kopfhülle, aber nie mit dem schrägen Brustüberschlag. Ihre Haiks sind vielfach auch gestreift, farbig oder weiß, aus Baumwolle, Wolle oder Seide gemischt. In Marokko sind Haiks aus rosa, hellblauer oder gelber Seide beliebt, die durch Streifen von weißer flockiger Baumwolle unterbrochen wird. Die Streifen der Haiks sind immer quer eingewebt, nie der Länge nach.

Außer der aus der Exomis entstandenen Form des Haik ist jedoch noch eine zweite Form bei den Kabylenfrauen Tunesiens und Algiers üblich. Dieser Kabylenfrauen-Haik beruht auf dem Prinzip des „Peplos", wie die Griechen das auf beiden Schultern gefibelte Gewand nannten. Es wird genau wie im griechischen Altertum angelegt, bald mit Überhang auf der Brust, bald mit Kolpos, hat aber wie der aus der Exomis entstandene Männerhaik eine Verlängerung erfahren, die als Gürtel und Hinterschürze verwendet werden kann (vgl. Abb. 52 u. 53). Die nordafrikanischen Oasenbewohnerinnen fibeln zwar ihre Haiks wie die

Griechinnen, behängen sich aber außerdem so mit Ketten, Armbändern, Knöchelringen, bunten Kopftüchern, Tätowierungen und anderem barbarischen Schmuck, daß sie einer Griechin im Peplos kaum mehr ähnlich sehen. Wie weit die Form des Peplos im alten Nordeuropa verbreitet war, also in der Urheimat jener nach Griechenland ausgewanderten indogermanischen Stämme, ist schwer zu bestimmen. Daß aber die Peplos- wie die Exomisform als Frauenkleid bei germanischen Völkern gebräuchlich war, ist nicht zu bezweifeln. Abgesehen von den in Europa zahlreich gefundenen bronzenen Nadeln und Fibeln, die zum Zusammenstecken ungenähter Kleidungsstücke gedient haben müssen, beweisen dies römische Darstellungen zur Genüge[1]). Ich verweise auf die Statue der sogenannten Thusnelda (vgl. Abb.54), die den auf einer Schulter entfibelten Peplos, den Exomistypus, trägt, sowie auf die Reliefs an der Trajanssäule. Wie schon erwähnt, wird von den Araukanerfrauen in Chile ein ähnliches gefibeltes, ungenähtes Kleid getragen, das bald auf beiden Schultern, bald auch nur auf einer Schulter durch große mit Silberscheiben verzierte Nadeln zusammengehalten wird. Es ist der so-

Abbildung 51
Berberfrau aus Tripolis mit dem Haik bekleidet, der über einem weitärmeligen Hemd angelegt ist. Der Haik ist hier eine Kombination von drei Motiven, von Exomis, Rücken- und Armdecke, die den Kopf mit verhüllt, und dem Gürtelschal.

Abbildung 52
Zwei tunesische Mädchen. Das Mädchen rechts trägt den gefibelten Peplos, die nordafrikanische Nomadentracht, das Mädchen links ein Hemd und eine moderne Unterjacke, dazu das Hüftentuch, die Fuddah, eine mehr städtische Tracht.

Abbildung 53
Schematische Darstellung, wie der tunesische Frauenhaik angelegt wird. Durch einen Stoffgürtel werden die Weiten des Kleides faltig zusammengeschoben und festgehalten.

[1]) Die Berichte des Tacitus von der germanischen Kleidung sind leider ziemlich unklar.

genannte Chamal (Tschamâl), zu dem sich noch ein Schulterumwurf gesellt. Vergleicht man die beigegebenen beiden Textbilder, Abb. 54 und 55, so wird man leicht erkennen, daß das Kleid der Thusnelda und das der Araukanerin im Prinzip genau die gleichen sind. Der uralte Peplos- und Exomistypus, der, wie wir sehen, heute noch lebendig ist, hat auch die Anregung zu neuartigen Kleidungsstücken gegeben. Im Brokatgewande einer Jüdin aus dem Maghreb (vgl. Taf. 5), erkennt man ein Kleidungsstück, das aus der Idee des Peplos entstanden sein muß. Es ist ein auf beiden Seiten knöpfbares Überkleid, das unten weit, dagegen nach oben hin abgeschrägt, also enger gehalten ist. Die oberen unnützen Weiten des in seiner Gestalt viereckigen, gefibelten Peplos sind in Wegfall gekommen, d. h. schräg abgeschnitten. Der oberste Teil dieses Gewandes erhielt eine Art Sattel aus schwerer Goldstickerei, woran beiderseitig oben Knöpfe und Schlingen, die das Gewand auf den Schultern halten, befestigt sind. Das Gewand wird über einem weiten dünnen Hemd getragen; in seinem unteren Teil bedeckt es teilweise die üblichen weiten maghrebinischen Frauenhosen, die bis zum Knöchel reichen[1]. Vergleicht man mit der maghrebinischen, zum Kleide gewordenen Peplosform das moderne europäische Frauen - Taghemd, so wird die Ähnlichkeit beider sofort auffallen.

Auch das Letztgenannte ist im Grunde nichts anderes, als ein auf den Schultern verschließbarer Peplos, der zum genähten Gewand geworden, nunmehr als Unterkleid auf dem bloßen Leibe getragen wird. Die Knöpfe auf jeder Seite des Halsloches am Hemde der Afghanen (Taf. 84) und der Benaresfrauen (Taf. 92) sowie die Form des Halsloches am antiken Perserkittel (Taf. 28) erinnern an einen rudimentären Peplosverschluß. Der seitliche Knopf am Halsloch des modernen Perserhemdes (Taf. 82) der Chewsurenbluse, (Taf. 51) und der Untergewänder aus dem Pandschab, (Taf. 90 u. 93) bezeichnen gewissermaßen den zum Kleide gewordenen Exomistypus.

---

[1] Ganz ähnlich legten die antiken Kleinasiaten einen kleinen kurzen Peplos über ihren persisch-skytischen engen Anzug an.

DER SCHRÄGE EMPORWURF UND SEINE VARIATIONEN.

Eines der ältesten Kleidungsstücke des Orients ist der schräge Emporwurf. Er ist nicht eigentlich ein genähtes Kleid, sondern ein rechteckiges Zeugstück von verschiedenster Größe, das dazu dient, entweder nur Schultern und Oberkörper oder die ganze Gestalt zu verhüllen. Wie der Poncho bestanden die ersten Emporwürfe aus Fellen, an denen man sogar noch die Haare beließ. Später schabte man die Felle weich und glatt und besetzte sie mit einem Schmuck, der dem Charakter des zottigen Felles entsprach, dem Fransensaum. Die Somali tragen heute solche ockerrot gefärbten Ledermäntel, bei denen die Fransen aus dünnen, zopfartig zusammengedrehten Lederstreifen bestehen.

Abbildung 56
Thronender Gott von einem babylonischen Siegelzylinder Gimil-Sins nach E. Meyer, Sumerier und Semiten. Der Gott ist mit einem Fellmantel bekleidet. Der Stuhl, worauf er sitzt, ist, wie im Orient üblich, mit Ziegen- oder Hammelfell belegt, daher zeigt Mantel und Stuhl die gleiche technische Behandlung.

Die Erfindung der Weberei brachte es mit sich, daß jene ungefügen Tierhäute durch schmiegsame, wollene Decken ersetzt werden konnten, die sich besser für den Emporwurf eigneten. Aber auch an den gewebten Mänteln vergaß man nicht das Fell anzudeuten, indem man die vom Durchschuß nicht mitgefaßten Kettenfäden an zwei Säumen des Zeugstückes zu Fransen zusammendrehte. Während die Bewohner Altbabyloniens, die Sumerer, auf archaischen Denkmälern aus der Zeit um 3000 v. Chr. noch in Fellmänteln dargestellt werden [1]), waren schon einige Jahrhunderte später, zur Zeit des Priesterkönigs Gudea (2550 v. Chr. rc.), große gewebte Mäntel im Gebrauch. Wenigstens erscheint der König immer mit einem Mantel aus Stoff bekleidet, während man die Götter noch konservativ in Lamm- oder Ziegenfellmäntel hüllte (vgl. Abb. 57). Die Kunst der gudäischen Zeit gab die Mäntel recht steif und glatt wieder, aber bereits 100 Jahre später sind die Darstellungen freier geworden, die Falten natürlicher, abgerundeter, so daß sogar das vorschreitende Bein zwischen den links und rechts hängenden Stoffpartien sichtbar werden kann (Abb. 58).

Rekonstruktionsversuche am lebenden Körper ergaben für die Größenverhältnisse des sumerischen Mantels Maße von ungefähr 300 cm Länge und 180 cm Breite. Das Anlegen geschah so, daß man eine Ecke des Mantels von hinten her über die linke Schulter nach vorn legte und dabei den Arm bis zur Hand bedeckte. Die Stoffolge ging dann von der Schulter aus über den Rücken unter dem rechten Arm, der frei blieb, hinweg,

---

[1]) Die naive Darstellung und Wiedergabe der Fellmäntel hat zu vielen Irrtümern Veranlassung gegeben. Der Fellcharakter der Kleidung ist von einigen Gelehrten überhaupt noch nicht erkannt worden. Meines Erachtens ist daran gar nicht zu zweifeln, da die Felle der Ziegen und auch die mit Fellen belegten Sessel, übrigens noch heute eine kaukasische Sitte, in der gleichen Weise wie die Göttermäntel behandelt sind (vgl. Abb. 56). Ich verweise auch auf die langhaarige Burka, die heute noch überall im Kaukasus als Wettermantel verwandt wird (s. S. 41).

wieder nach vorn über die Brust und wurde über die linke Schulter „schräg emporgeworfen", so daß das Ende auf dem Rücken hing. Dieses herabhängende Ende führte man dann mit der rechten Hand unter dem Arm vorbei und steckte es seitlich der rechten Brust unter den Saum des Emporwurfs (vgl. Abb. 59 u. 60). Es erforderte natürlich Übung und Geschicklichkeit, um einen guten bequemen Sitz und gefällige Formen zu erreichen. Auf dem Fragment derselben Siegesstele (vgl. Abb. 2), die uns auch das erste genähte Hemd überliefert hat, finden wir unsern Sumerermantel wieder als gegürtetes Gewand eines kämpfenden Königs. Um die Bewegung der Beine nicht zu behindern, sind die unteren Faltenpartien des Umwurfs hochgeschürzt und die sonst die Arme bedeckenden Faltenmassen auf die Schulter zurück-

Abbildung 57
Der altbabylonische Priesterkönig Gudea (2250 v. Chr.) von zwei Göttern geführt. Gudea erscheint hier im gewebten weiten Mantel, während die Götter in den traditionellen Fellmänteln und den Hörnermützen erscheinen. Kalksteinrelief im Berliner Kaiser-Friedrich-Museum, Vorderasiatische Abteilung.

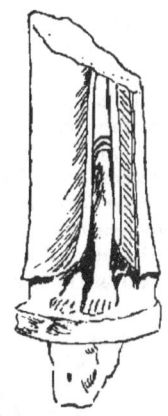

Abbildung 58
Der sumerische Mantel, dargestellt durch eine spätere freier behandelte Plastik, dem Torso einer Statuette Dungis, die das Motiv des schrägen Emporwurfs sowie das der vom Arme herunterhängenden Faltenmasse berücksichtigt, so daß ganz naturgemäß das linke Bein zum Teil freibleibt. Nach Meißner, Grundzüge der babylonisch-assyrischen Plastik. Leipzig 1915.

geschlagen worden. Die ganze Gewandung ist durch einen Gurt zusammengehalten. Dieses Verfahren erinnert deutlich an die Schürzung des medischen Gewandes bei Dareios (vgl. Abb. 7.) Der schräge Emporwurf hielt sich auch in späteren Zeiten, man verzichtete nur auf übertriebene Größenverhältnisse und stattete ihn dafür sehr reichlich mit Fransen und

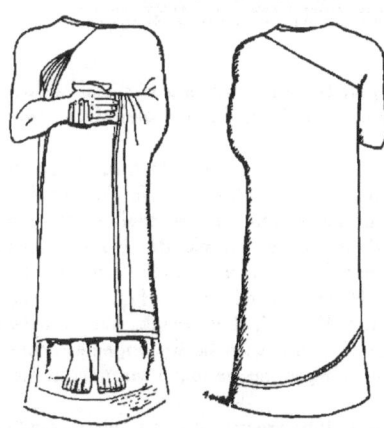

Abbildung 59 und 60.
Der sumerische Mantel, dargestellt durch die Vorder- und Rückseite der Statue des Priesterkönigs Gudea im Louvre, Paris.

Abbildung 61
Der assyrische König Assurnassirpal in vollem Ornat. Relief aus Niniveh, Britisches Museum, London. Der König trägt den schrägen Emporwurf, dessen Ende frei auf dem Rücken hängt. Der Mantel ist reich mit Passamenten versiert.

41

Quasten aus. So treffen wir ihn als Mantel der assyrischen Könige z. B. auf dem berühmten Relief, das den König Assur-nassir-pal darstellt (vgl. Abb. 61). Das Ende wird jetzt nicht mehr seitlich der Brust in den Saum gesteckt, wie das bei den Sumeren (wahrscheinlich, um das Herumflattern im Winde zu verhindern) üblich war; es hängt frei über die Schulter hinab.

Sehr früh kannten schon die nomadisierenden Semiten den schrägen Emporwurf. Malereien im Grabe eines ägyptischen Gaufürsten (mittl. Reich um 1900 v. Chr.), des Vorstehers der östlichen Wüstenländer, geben uns darüber Aufschluß. Dargestellt ist eine Horde von Semiten, die von zwei Ägyptern geführt werden (vgl. Abb. 62). Die Kleidung dieser Semiten erinnert an den alt-babylonischen Emporwurf wie ihn die Götter tragen. Nur ist er nicht mehr aus Fell, sondern aus gewebtem Stoff, der mit rohen Mustern versehen ist. Es sind

Abbildung 62

Semitische Nomaden im Schurz und im einfachen schrägen Emporwurf. Die Schurze sind weiß mit rotem Muster, die Mäntel zum Teil ebenfalls weiß oder aber rot mit weißen und blauen linearen Ornamenten verziert. Aus der Malerei im Grabe eines ägyptischen Statthalters um 1900 v. Chr. Nach Lepsius, Denkmäler.

gerade, schräge und zackige Striche, außerdem Punkte, meist rot und blau auf weißem Grunde. Leider geht aus der Malerei nicht hervor, in welcher Technik diese Ornamente hergestellt sind.

Später begegnen wir dem schrägen Emporwurf wieder auf dem Basaltobelisken des assyrischen Königs Salmanassar II. im britischen Museum zu London, wo die Unterwerfung des Königs Jehu von Israel dargestellt ist. Unter den Israeliten sind die meisten mit dem schrägen Emporwurf bekleidet, nur sind die Mäntel größer als die der Nomaden und haben nach assyrischer Sitte an den Säumen einen Besatz von Fransen, Troddeln und Quasten. Auf einem andern Relief im britischen Museum erscheint ein Fürst von Mussri (wohl im heutigen Kurdistan), der dem assyrischen König Tribut bringt, wie auch sein Diener mit dem fransenbesetzten Emporwurf, zu dem die vorn hochgebogenen Schuhe und der Turban, die beide heute noch in jenen Gegenden getragen werden, seltsam kontrastieren.

Weiterhin finden wir den einfachen schrägen Emporwurf, der nur eine Schulter bedeckt, auf Cypern wieder bei Kunstwerken des sogenannten assyrischen Stils. Er wird auch hier über einem langen Hemdgewand, dem genähten jonischen Chiton, der in

Griechenland den Peplos verdrängen sollte, ge-
tragen. Spätere cyprische Statuen zeigen den
Emporwurf ohne die orientalischen Fransen und
Troddeln in der freieren Darstellung griechischer
Kunst. Man erkennt in ihm die „Anabole", den „Pharos" oder das „Himation" (vgl.
Abb. 63 und 64). Über die Größe des Himation sind wir durch koptische Grabfunde
unterrichtet, sie beträgt ungefähr 230 cm in der Länge und 150 cm in der Breite.

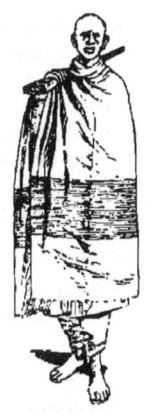

43

Außer der einfachen Art des schrägen Emporwurfes waren noch einige andere Einhüllungen im Gebrauch. Schon die alten Sumerer bedeckten, wie einige Bildwerke beweisen, mit ihrem Fellmantel oft beide Schultern; die Assyrer, Hebräer und andere vorderasiatische Völker taten dasselbe. Die Griechen kannten diese „vollständige Einhüllung" ebenfalls und sollen sie „Periblema" oder „Periboleion" genannt haben. Diese auf den Denkmälern häufig vorkommende Verhüllung geschieht so, daß man den Stoff, anstatt ihn unter dem rechten Arm hindurchzuführen, über die rechte und linke Achsel herumwirft und damit Brust, Hals und beide Arme verhüllt. Die heutigen Abbyssinier und die Galla tragen ihre Tücher, die sie Schama [1]) nennen, oft auf diese Art. Man kann sie mit einem um die Schultern geworfenen Halstuch vergleichen, das infolge seiner Breite bis zu den Waden reicht (vgl. Abb. 65 u. 66). Will man einen Arm frei haben, so wirft man den lästigen Stoffteil auf die entsprechende Schulter. Die Verhüllungsform „Schama" oder „Periblema" kann, wie schon gesagt, an babylonisch-sumerischen Götterfiguren, ebenso auf assyrischen Reliefs nachgewiesen werden. Nur die Könige sind in großen Mänteln dargestellt, während selbst die hohen Würdenträger des assyrischen Reiches sich nur kleiner Mäntelchen bedienen, die eigentlich einfach Fransengürtel, sozusagen Rudimente der Fellmäntel babylonischer Gottheiten sind und bestimmte Gradunterschiede der Beamtenschaft anzeigen sollen (vgl. Abb. 68). Daß sich auch der assyrische König in seinen Mantel nach Art der Schama einhüllte, geht aus zwei Profilbildern Sargons II. (727–705 v. Chr.) hervor, die an den Wänden seines Palastes in Chorsabad hingen. Das Besondere an diesem Relief ist, daß der Herrscher auf beiden im gleichen Kostüm abgebildet ist, einmal von links, das andere Mal von rechts gesehen (vgl. Abb. 67 u. 68). Er trägt, außer den Trachtenstücken, die ihn als König kennzeichnen, ein langes, bis an die Knöchel reichendes Hemdgewand, das quadratisch gemustert und am untern Saume mit Troddeln verziert ist. Als Übergewand dient ihm ein mit Rosetten gemusterter Mantel ebenfalls mit Fransensäumen, die hier keine Ecken zeigen, sondern abgerundet erscheinen, worauf ich besonders aufmerksam mache. Der Mantel bedeckt fast die ganze Gestalt bis zu den Waden hinab. Von der linken Schulter hängt ein Zipfel nach vorn herunter, es ist das Schlußende des Mantels, in den Sargon dichter als sonst eingewickelt zu sein scheint. Da er sich in rauhem Klima auf dem Feldzuge gegen die Bergbewohner am Wansee befindet, ist das begreiflich. Wie Sargons Mantel angelegt ist, ersieht man aus der Darstellung des nach links schreitenden Königs. Man gewahrt deutlich auf dem linken Oberarm den Saum der Rücken- und Schulterpartie, dort wieder von der Vorderpartie, die über die linke Schulter nach hinten in kühnem Schwung um den Nacken herum bis zur rechten Schulter und von da nach vorn geworfen ist, teilweise verdeckt. Noch deutlicher wird dieses Gewandmotiv an dem sich nach rechts wendenden König; seine rechte Schulter wird von der vorderen und der hinteren Seite des Mantels bedeckt, dessen Saum hochgehoben auf dem gebogenen Arm mit dem Stabe ruht [2]).

Die Figur des Gautama Buddah, die ebenfalls mit dem rechten Arm den sonst tief herabhängenden Mantelsaum hochhebt, zeigt dasselbe Verhüllungsmotiv, das nur den um den Nacken herumgehenden, um die rechte Schulter nach vorn geworfenen Endzipfel weg läßt (vgl. Abb. 73).

---

[1]) Über die „Schama" im Zusammenhang s. unten S. 48.

[2]) Der moderne Kastilianer hüllt sich noch immer im Winter in seine im Halb- oder Dreiviertelkreis zugeschnittene Capa nach Art der Schama ein. Es geschieht das meist mit so kühnem Schwung, daß der Endzipfel der Capa, nachdem er, das Kinn bisweilen mitverhüllend, über die linke Schulter geworfen ist, auch die rechte bedeckt und von dort nach vorn herunterhängt. Auf ähnliche Weise hüllen sich die Nordafrikaner im Winter in ihren Burnus.

Abbildung 69

Zwei hebräische Tributbringer. Beide sind mit dem üblichen langen Hemdgewand und einem Umschlagetuch bekleidet, das in der Art der abyssinischen Schema als vollständige Verhüllung angelegt ist. Der eine der Männer trägt eine turbanartig umwundene spitze Kappe, der andere einen metallenen Stirnreif. Die Fußbekleidung mit den hochgebogenen Spitzen, durch den steinigen Boden bedingt, ist heute noch im vorderen Orient gebräuchlich. Relief aus den Ruinen von Ninive nach A. Layard, Ninive und Babylon.

Abbildung 70

Darstellung des Himations in der klassischen antiken Kunst. Statue des Demosthenes im Vatikan zu Rom. Das Himation ist hier wie bei der cyprischen Figur (Abb. 64) nicht als Emporwurf über die Schulter geschlagen, sondern in der linken Achselhöhle mit dem Arm festgeklemmt.

Abbildung 71

Statue des Sophokles im Lateran, Rom. Das Himation ist hier auf die Weise angelegt, die von den Griechen „Σντύς τὴν γεῖρα ἔγειν" genannt wurde. Die Römer, die denselben Mantel Pallium nannten, bezeichneten das Motiv mit: „Manum inter pallium continere" oder „inter pallium reducere".

Daß die Mäntel der Assyrer rechteckig zugeschnitten waren, mag wohl aus beiden oben beschriebenen Darstellungen nicht unbedingt hervorgehen, dagegen zeigen die Mäntel anderer assyrischer Könige ganz deutlich die rechtwinklig auslaufende Ecke an der Partie, die seitlich von der Schulter herabhängt. Auf Reliefs, die Layard in Ninive aus-

Abbildung 72

Umschlagetuch der Toda in Südindien. Es wird als einfacher schräger Emporwurf und als vollständige Verhüllung getragen. Nach Photo bei Buschan, Sitten der Völker.

Abbildung 74

Ein Jainheiliger aus Indien im gelben Mönchsgewand. Er ist wie ein schräger Emporwurf angelegt, aber nicht auf griechische Art; so, daß man den Anfang von vorn über die Schultern nach hinten wirft und das Ende von hinten nach vorn führt. Nach Photo bei Buschan, Sitten der Völker.

Abbildung 73

Gautama Buddha von Takht i Bahai. Buddha ist hier als Mönch dargestellt. Er trägt den heute noch in Ceylon und in Hinterindien üblichen Mönchsmantel, der als eine vollständige Verhüllung „Periblema" angelegt wird. Links ist die offene Seite, rechts wird der Saum des Mantels durch den Arm hochgehoben. Nach Ortswedel, Buddhistische Kunst in Indien.

45

grub, sind zwei hebräische (?) Tributbringer dargestellt, deren kurze oblonge Mäntel an den Ecken leicht abgerundet sind. Auch in dieser stilisierten Wiedergabe muß man sich die Mäntel wie die Schama umgelegt denken (vgl. Abb. 69).

Im alten Griechenland war, wie gesagt, der schräge Emporwurf allgemein in Gebrauch. Das Himation, das naturfarbige, wollene, rechteckige Tuch, das zur Umhüllung diente, erscheint geradezu als die antik-griechische Nationaltracht. Berühmte klassische Statuen, wie etwa die des Demosthenes (Abb. 70), des Sophokles (Abb. 71), zeigen mit voller Deutlichkeit, wie das Umhüllungsmotiv des Himation verschieden variiert werden konnte. Die vollendete Wiedergabe des Himation, die alle Falten und jede Finesse der Anordnung so überaus lebendig zur Anschauung bringt, könnte uns dieses Gewandstück als ein echt griechisches erscheinen lassen. Und doch ist der schräge Emporwurf ebenso wie der

Abbildung 75	**Abbildung 76**	**Abbildung 77**
Kleine Figur des Buddha aus Kāçyapa mit dem Motiv: „Manum inter pallium". Nach Grünwedel, Buddhistische Kunst in Indien.	Das Motiv „Manum inter pallium continere" in altägyptischer Darstellung aus dem mittleren Reich. 2000—1700 v. Chr. Nach A. Erman, Ägyptisches Leben im Altertum.	Statue im cyprisch-assyrischen Stil. Darstellung des schrägen Emporwurfs mit Armverhüllung. Das Motiv „manum inter pallium continere" ist deutlich, wenn auch ohne Falten, wiedergegeben. Nach Springer, Kunstgesch. I.

jonische Chiton von Osten her eingeführt worden. Die archaischen Griechen trugen noch die schmale Chlaina, den Diplax, einen doppelt gelegten ovalen Mantel, der an nordische Gewandformen erinnert (Abb. 87 u. 88). Wir haben den schrägen Emporwurf schon viel früher im Orient auftreten sehen und wissen, daß die unvollkommene künstlerische Wiedergabe es nicht so leicht machte, ohne weiteres den schrägen Emporwurf als ein orientalisches Gewandstück zu erkennen. Nunmehr steht fest, daß der schräge Emporwurf nicht nur in Griechenland, sondern überall im alten vorderen Orient verbreitet war. Von den Griechen kam er zu den Römern, wo er sich zur Toga entwickelte. Allerdings ist die Toga eine Mischung von orientalischen und nordischen Motiven, denn sie ist nicht wie das Himation rechteckig, sondern wie die nordischen Mäntel oval und in der Art des Diplax doppelt gelegt. Im Osten, in Vorder-Indien, kommt der schräge Emporwurf ebenfalls vor, und zwar in seiner einfachsten Form, wie ihn die semitischen Nomaden des Altertums tragen, als halbe und ganze Verhüllung. Aber nur von den Ureinwohnern des südlichen Indien wird er so getragen, nämlich von den Toda im Nilgiris-Gebiet (Abb. 72). Die Toda bedienen sich zu diesem Umwurf ziemlich dicker baumwollener Tücher, die rechteckig, naturfarben und mit schmalen eingewebten Streifen aus roten und dunkelblauen Fäden verziert sind. Im übrigen Indien vertritt den Emporwurf ein schmaler Schal aus leichtem Stoff, der lose um den Körper geschlungen, seit altersher mehr als Schmuck denn zur Bekleidung dient (Abb. 39). Nach dem Vorbilde Gautama Buddhas, dessen Gestalt schon vor der griechisch-indischen Kunstepoche indische Bildhauer in den schrägen Emporwurf eingehüllt darstellen, tragen ihn auch heute noch die buddhistischen Mönche Ceylons. Dieses Mönchskleid, ein großes rechteckiges Tuch von beträchtlichen Maßen, meist aus gelb gefärbter Baumwolle, ist ein stattliches, faltenreiches Gewand, das man entweder als halbe, die rechte Schulter freilassende Umhüllung trägt, oder in der Art des Periblema oder der Schama beide Schultern verhüllend (Abb. 73). Das Gewand wird oft auch so angelegt, daß man mit dem Emporwurf von vorneher anfängt und das Ende von hinten her über die linke Schulter zieht, umgekehrt wie die Griechen ihr Himation anlegten (Abb. 74). Die Mönche des buddhistischen Hinterindien tragen dieselbe Kleidung, ebenso die Lamas der Tempel und die Mönche der Klöster in Tibet, die sie dem Klima entsprechend über der üblichen Kleidung anlegen.

Es bleibt nun noch eine dritte Variation des Emporwurfs zu betrachten: Das „ἐντὸς τὴν χεῖρα ἔχειν" der Griechen oder „manum inter pallium continere" der Römer, also das was wir „die Hand im Mantel halten" nennen würden. Die Sophokles-Statue zeigt am besten was gemeint ist (Abb. 71). Man schlang das Himation, ehe man sein Ende über die linke Schulter warf, um den gebogenen rechten Arm, der so bis auf die Hand verhüllt wurde. Aber auch diese Variation, das Himation zu tragen, darf nicht als eine national-griechische Eigentümlichkeit bezeichnet werden. Die kleine Figur eines Buddha (Abb. 75) führt dasselbe Motiv in Indien vor, wenngleich nur in der griechisch-indischen Kunstperiode, der diese Figur angehört. Als Beweis dafür, daß dieses Motiv schon lange vor der griechischen Zeit den orientalischen Völkern bekannt war, sei auf eine altägyptische Darstellung verwiesen. (Nach Erman, Ägypt. Leben im Altertum.) Diese Gewandform gehört allerdings zu den im alten Ägypten ungewöhnlichen Trachten, wie Erman sagt, und wurde in jener Zeit nur von Greisen getragen, aber sie zeigt ganz deutlich, was Erman übersah, das Motiv der Hand im Mantel (Abb. 76). Man kann wohl annehmen, daß die Ägypter dieses Umwurfmotiv von ihren nordöstlichen Nachbarn übernommen haben. Die heutigen Abyssinier, die sich bekanntlich immer noch jener einfachen altorientalischen Umschlagetücher bedienen, benutzen ihre Schama in ganz ähnlicher Art, allerdings umgekehrt, indem sie die linke Hand, die von der geschlossenen Schama sonst bedeckt wird, am Halssaum hinausstrecken und diesen so bis zur Brust herunterzwängen (Abb. 78) [1].

Im Süden Europas, in Italien und Spanien, besteht die Sitte, sich auf altgriechische Weise einzuhüllen, noch heute. Der Spanier hüllt sich im Winter nicht nur nach Art des Periblema in seine Capa, sondern auch auf dieselbe Weise wie Sophokles (Abb. 81). Bei wärmerem Wetter bedeckt er mit der Capa nur eine Schulter und den Leib, gleichzeitig klemmt er das Mantelende unter dem linken Arm fest, so daß, wie beim Demosthenes, der rechte Arm freibleibt. Auch die Mauren, Berber und Araber tragen, wie schon an anderer Stelle erwähnt, ihren Burnus sehr oft auf die geschilderte Weise, ebenso wie auch die Enden des Haik nach Art des Himation angeordnet werden.

---

[1] Hierzu muß bemerkt werden, daß die Art, wie sich der abgebildete Abyssinier in seine Schama hüllt, nicht ganz der gewöhnlichen Anlage der Anabole entspricht. Der Abyssinier hat, wie die bereits erwähnten indischen Mönche öfters tun, seine Umhüllung in genau entgegengesetzter Weise angelegt, indem er den Anfangszipfel von vorn her über die Schulter wirft und den Endzipfel von hinten her nach vorn herabzieht. Es ist dies eine schon im vorderen alten Orient besonders bei den Hethitern gebräuchliche Anlegeart (Abb. 79 u. 80).

Im vorhergehenden wurde so oft die Schama der Abyssinier erwähnt, daß es wohl am Platze erscheint, etwas eingehender auf dieses Kleidungsstück zurückzukommen. Die heutige Schama besteht meist aus weißem Baumwollenzeug, an dessen Säumen farbige Kanten eingewebt sind. Sie erhält ihre rechteckige Gestalt dadurch, daß immer zwei Bahnen aneinander genäht sind, die außerdem doppelt gelegt werden. Die Stoffbreite und -länge der Bahnen für die Schamatücher sind sehr verschieden. Das Idealmaß einer Schama wäre, ähnlich dem des Himation, eine Länge von 300 cm und eine Breite von 150 cm. Es würden also, wenn sie zusammengelegt und aneinandergenäht jene Maße ergeben sollten, zwei Stoffstücke von je 600 cm Länge und 75 cm Breite erforderlich

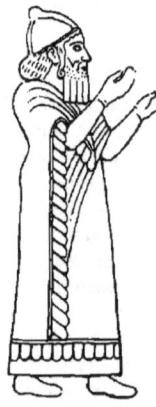

Abbildung 78

Ein moderner Abyssinier mit linksseitigem Armverhüllungsmotiv. Hier ist die Hand aus dem oberen Saum der Schama, die sonst als vollständige Verhüllung den Hals umschließt, hinausgestreckt.

Abbildung 79

Hethitische Manteldarstellungen älteren Stils. Die Mäntel sind äußerst unbeholfen behandelt, man erkennt jedoch das Armverhüllungsmotiv und den über die Schulter nach vorn fallenden Mantelzipfel. P. Justi, Geschichte der orientalischen Völker im Altertum.

Abbildung 80

Der hethitische König Barrekub von Sendichirli aus dem 8. Jahrh. v. Chr. Hier ist die umgekehrte Anlage des schrägen Emporwurfs zu erkennen. Nach Walter Reimpel, Geschichte der babylon.assyrischen Kleidung.

sein. Da der Schamastoff wie der Haik immer abgepaßt in den Handel kommt, mit Fransen und eingewebten Streifen an den Endsäumen, so sind, um eine Schama daraus herzustellen, zwei Bahnen nötig, die in der Mitte aufeinandergeklappt, besser: „gedoppelt" werden, so daß auf der einen Seite der Bruch den Saum der Schama bildet, auf der anderen Seite die Saumenden mit den farbigen Streifen aufeinanderliegen. Durch das Zusammennähen der beiden Stoffbahnen entsteht eine Mittelnaht, die der Länge nach durch die Schama läuft und beide Bahnen zusammenheftet. Der Fransensaum bleibt offen, auch die Webekanten der unteren Bahn werden nicht zusammengenäht, wohl aber die Säume der oberen Bahn. Durch diese Doppelung gewinnt die Schama an Fülle und Weichheit, bleibt oben geschlossen und kann nach unten hin ohne zu „sacken" frei fallen (vgl. Taf. 14). Ein anderes Tuch, das den Namen „Chargef" führt und ein Staatsgewand ist, hat die Maße von 282 cm : 195 cm. Es ist ebenfalls aus flauschiger, weicher Baumwolle hergestellt, hat aber einen 32 cm breiten Streifen von farbig gemusterter Seidenweberei, der das untere Drittel des Tuches wagerecht, also der Länge nach, durchläuft. Der Chargef besteht aus drei senkrecht aneinandergenähten, gedoppelten Bahnen in den Maßen 390 cm : 92 cm, deren bunte Abschlußkanten jene wagerechten Längs-streifen ergeben. Die zwei Mittelnähte sind durchgenäht, die linke Seite geschlossen, die unteren Säume wie auch der rechte Saum bleiben offen.

Die obere geschlossene Kante wird gebildet durch den Bruch der drei zusammen-gefügten Bahnen[1]). Ein anderes Umschlagetuch aus drei horizontal zusammengesetzten Stoffbahnen, in den Maßen 183 cm : 252 cm, wurde von Gallamännern getragen.

Abbildung 81
Ein moderner Spanier, der seine Capa (Radmantel) in der Art des Himation mit Motiv „Manum inter palllum continere" trägt.

---

[1]) Die hier beschriebenen Originaltücher stammen aus der Sammlung von Gerhard Rohlfs, der sie in Debbratabor kaufte. (Jetzt im Museum für Völkerkunde in Berlin.)

DIE RÜCKEN- UND ARMDECKE.

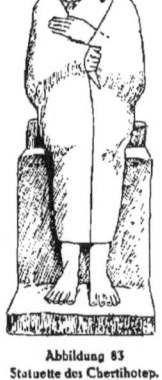

Die einfachste, oder besser die kunstloseste aller Umhüllungen ist diejenige, die wir Rücken- oder Armdecke nennen wollen. In ihr ist das bloße Nützlichkeitsprinzip noch erkennbar, da sie als ein ungeschickter Versuch erscheint, sich vor Kälte zu schützen. Wie alle andern Decken ist auch diese ursprünglich ein großes Fell gewesen, das man vom Rücken her über beide Schultern und Arme anlegte und vorn mit den Händen zusammenhielt. Prinz Maximilian zu Wied fand auf seiner Reise ins Innere von Nordamerika im Anfange des 19. Jahrhunderts die Indianer auf solche Weise in ihre mächtigen Bisonfelle eingehüllt (Abb. 82). Bei wärmerem Wetter ließ man eine oder beide Schultern frei, so daß der Mantel nachschleppte. Später wurden die Bisonfelle durch rechteckige Tuchmäntel, diese wieder durch billige Pferdedecken ersetzt.

Schon im alten Ägypten, zur Zeit der ersten Dynastien, hatte man die Arm- und Rückendecken als Mantel gekannt. Die schöne Nofert, jene bekannte Statue im Museum von Kairo, ist in eine große weiße (also bereits gewebte) Rückendecke eingehüllt, die die übereinandergelegten Arme so zusammenhalten, daß von dem ganzen Körper nur eine Hand, die obere Brust und der Hals freibleiben. Eine Statue aus der XII. Dynastie im Berliner Museum trägt einen ähnlichen Mantel, dessen Zipfel die rechte Hand der Figur deutlich festhält (Abb. 83). Eine kleinere Rückendecke, die nur bis zu den Waden reicht und die Arme halb verdeckt, trugen persische Krieger oder deren Hilfstruppen (Abb. 84). Auch den Phöniziern waren solche Rückendecken nicht unbekannt. Ein Relief in ägyptisierendem Stile zeigt uns den König Jehowmelek von Byblos in diesem Mantel[1]).

Mit großen Rückendecken bekleidet, erscheinen auch Frauengestalten auf hethitischen Reliefs, so auf einem Grabdenkmal von Marasch in Nord-Syrien und auf einem Basalt- relief, das dienende Frauen aus dem Hofstaate des Königs von Karkemisch (nach 1000 v. Chr.) darstellt (Abb. 85). Allerdings ist hierbei zu bemerken, daß die hethitischen Frauen mit ihrem Mantel auch den Kopf teilweise mit verhüllen, da sie den Mantel nicht im Nacken anlegen, sondern über ihre hohen walzenförmigen Kappen. In Griechenland wurde das Himation von Frauen in der gleichen Weise als Rückendecke mit Kopfhülle angelegt (Abb. 86). Ferner beweisen archaische Vasenbilder, daß zu dieser Zeit auch

---

[1]) Abbildung 127 bei A. Erman, die ägyptische Religion, 2. Auflage.

50

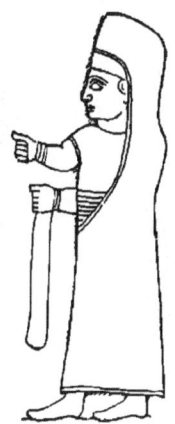

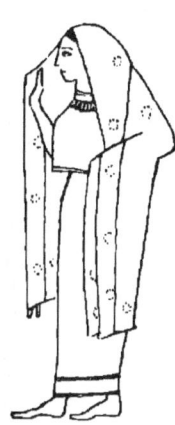

von Männern die Rückendecke getragen wurde (Abb. 87 u. 88). Hier ist sie jedoch nur ein kleiner Mantel von anscheinend ovaler Form, der zum „Diplax" gedoppelt war. Die Griechen nannten den kleinen altertümlichen Mantel „Chlaina"[1] Die Form der Chlaina ist mit Sicherheit nicht festzustellen, wohl aber ihre Doppelung, die ebensogut mit einem ovalen Mantel, dessen Hälften man aufeinanderlegte, als mit einem quadratischen Tuche, das man in diagonaler Richtung zusammenlegte, be-

Abbildung 84
Persische Darstellung eines Kriegers der Hilfsvölker mit der Rückendecke. Relief von der großen Treppe des Xerxespalastes zu Persepolis.

Abbildung 85
Hethitische Frau in der über den Kopf angelegten Rückendecke. Relief aus Kartemisch. Nach Otto Weber, Hethitische Kunst, Wasmuth.

Abbildung 86
Altertümliche Darstellung einer griechischen Frau mit Umschlagetuch nach Blümner, Leben und Sitten der Griechen.

wirkt werden konnte. Diese quadratische Form hat sich heute noch in Europa bei den Umschlagetüchern der Frauen aus dem Volke erhalten.

Der halbrunde alteuropäische Mantel hat sehr wahrscheinlich die Rückendecke zur Ausgangsform gehabt. Indem man die schleppenden, überflüssigen Ecken des Felles oder Tuches abschnitt, erlangte man ohne eigentlich bewußte Absicht, eine halbrunde Mantelform, die man schließlich der Bequemlichkeit halber nicht mehr vorn auf der Brust mit den Händen festhielt, sondern dort mit einem Dorn feststeckte. Der Dorn stellte somit einen Ersatz für den kreuzweisen Armverschluß dar und wurde später zur Metallnadel und Fibel.

Im heutigen Orient ist die Arm- und Rückendecke hauptsächlich als Frauenkleidung, besonders der Städterinnen des Orients, im Gebrauch. Nur wird sie der Schamhaftigkeit der muhammedanischen Orientalin entsprechend nicht mehr im Nacken angelegt, sondern auf dem Scheitel, so daß sie in Verbindung mit dem Schleier die ganze Gestalt der Trägerin verhüllt. So ist die

Abbildung 87
Junger Grieche mit der Chlaina bekleidet, die als Diplax zusammengelegt ist. Von der François-Vase in Florenz aus dem 6. Jahrh. v. Chr.

Abbildung 88
Alter Grieche mit dem langen Chiton (Hemdgewand) und der Chlaina bekleidet. Von der François-Vase in Florenz.

[1] Vgl. H. Blümner, Leben u. Sitten der Griechen, I. Abt., S. 17.

Rückendecke zur „Habarah", dem Straßenkleid der heutigen muhammedanischen Ägypterin geworden. Diese Decke ist sehr groß und weit, rechteckig und besteht meist aus zwei aneinandergenähten Bahnen. Die ärmeren Frauen tragen sie aus Baumwolle meist in bläulichen Tönen, auch in Karomustern, die Damen dagegen vielfach aus Seide in dunklen Farbtönen. Wie die Habarah angelegt wird, mögen einige Textbilder illustrieren (Abb. 89-91).

Die syrischen Frauen tragen ganz ähnliche Straßenmäntel, doch kommen hier öfter schön gemusterte seidene, und auch solche aus feiner Wolle, die mit Gold

Abbildung 89
Ägypterin, Fellachin mit dem nationalen Umschlagetuch bekleidet.

Abbildung 90
Ägyptische Dame im Straßenkostüm.

durchwirkt sind, vor (Abb. 92). Damaskus ist, wie bekannt, von altersher ein Hauptsitz der Textilindustrie gewesen. Man verfertigt dort besonders schöne Kleiderstoffe, die nicht nur zu Frauenkleidern, sondern auch zu den schönen Männerkleidern der Aba, dem Kaftan u. a. m. verwendet werden.

Das Straßenkleid der persischen Frauen ist der „Hyader" oder „Tschader". Er ist ganz eintönig, meist dunkelblau oder schwarz gefärbt, in mehr oder weniger wertvollen Stoffen hergestellt und rechteckig wie die syrischen und ägyptischen Frauenmäntel. Hyader und

Abbildung 91
Ägyptische Dame mit der „Habarah" bekleidet. Nach Eduard William Lane, Manners and costumes in Egypten, 1838.

Abbildung 92
Syrische Muhammedanerinnen im Straßenkostüm. Nach Photo bei Schweiger-Lerchenfeld, Die Frauen des Orients.

Abbildung 93
Persische Frau im Straßenmantel „Hyader' oder „Tschader". Der Schleier, der sonst über das Gesicht und Leib herunterhängt, die sich auf der Brust kreuzenden Schnüre verdeckend, ist hochgenommen und um den Kopf gewickelt.

Habarah werden ganz ähnlich angelegt, nur mit dem Unterschiede,
daß der untere Teil des Hyader durch Tragschnüre, die über Schultern
und Nacken laufen und sich auf der Brust kreuzen, in Hüfthöhe gehalten sind, während die Ägypterin ihre Habarah in Hüfthöhe, d. h.
um die Taille, durch Umschlagwulstung festklemmt[1]). Der Hyader besteht aus einem doppelten Tuch von zwei Bahnen, deren Zusammenfügung den Bruch bildet, so daß beide Säume unten hängen. Die
beiden Eckkanten verbindet eine Schnur, die über Brust und Hals
läuft und die zweckentsprechende Länge hat. Die Größenverhältnisse
des Hyader, an zwei Exemplaren gemessen, betrugen in dem einen
Falle 172 cm Höhe zu 260 cm Breite (die Höhe 172 cm wird durch die
Doppelung auf 86 cm reduziert), im anderen Falle hatte das ausge-
breitete Tuch die Maße von 200 cm zu 230 cm. Beim Anlegen bildet
die untere Hälfte der Doppelung den Unterteil, sozusagen den Rock
oder das Hüftentuch, die obenliegende Hälfte wird über Kopf,
Schultern und Arme angelegt und vorn mit den Händen nach Bedarf zusammengehalten. Der Gesichtsschleier „Rubend" verdeckt
die über die Brust laufenden Schnüre. Die Abbildungen 93 und 94
im Text werden die Anlage des Hyader verständlicher machen.

Die Art, wie die alten Perser ihren Ärmelmantel über die Schultern
anlegten, wobei die Ärmel lose herabhingen, ist auch heute noch
im Kaukasus und in Rußland beliebt; sie erinnert an die Rückendecke. Eine zum Gewand gewordene Rückendecke oder ein zur
Rückendecke benutztes Gewand ist der chalatartige große Straßenmantel mit den langen, schmalen, leer herabhängenden Schmuckärmeln, die in ihrem unteren Teile auf
dem Rücken zusammengefaßt sind, den die turkistanischen Frauen tragen. Dieser Mantel wird nämlich
nicht eigentlich angezogen, sondern in der Art des
Hyader über den Kopf angelegt, so daß er Schultern
und Arme, sowie die ganze Gestalt verdeckt und
vorn zusammengehalten werden kann. Außer den
großen Verhüllungen, die die muhammedanischen
Orientalinnen benutzen, werden vielfach kleinere
quadratische oder länglich-rechteckige verwendet.
Sie dienen dazu, die Figur nur stellenweise einzuhüllen, z. B. nur die Schultern, die oberen Arme
und den Hinterkopf. Bald legt man das Tuch auf
den Scheitel und läßt es lose herabhängen (Abb. 95),
bald verhüllt man damit dicht Hinterkopf und die
halben Ärmel und führt den Endteil um das Kinn
und den Hals herum über eine Schulter, von der es
nach hinten lose herabhängt. Beide Arten sind von
alters im Orient verwendet worden. Die Abbildung
eines assyrischen Reliefs zeigt eine gefangene Frau
aus den „Nairiländern" im Hemdgewand mit dem
Kopf- und Schulterumwurf (Abb. 96).

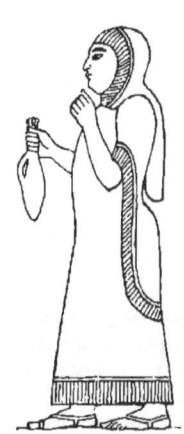

[1]) Das Motiv der über die Brust laufenden Schnüre beim persischen Hyader entspricht der Anlage des nordischen Männerwamses (s. o. Abb. 21).

12. Kapitel.

DER ALTBABYLONISCHE FRAUENMANTEL.

Im vorigen Abschnitt haben wir festgestellt, daß schon im alten Reiche in Ägypten die Arm- und Rückendecke als Frauenkleidung üblich war, und daß sie in der über den Kopf gezogenen Form noch heute als Habarah von den Ägypterinnen getragen wird. Im Anschlusse daran ist ein Mantel zu besprechen, dessen Anlage auf durchaus anderen Prinzipien beruht: der babylonische Frauenmantel. Unter den Denkmälerfunden der Gudeazeit fanden

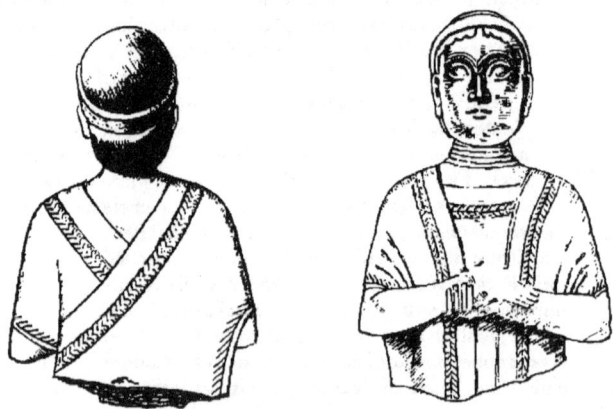

Abbildung 97 a und b
Altbabylonische Statuette einer Frau (de Sarzec, Déc. en Chaldée). Darstellung des babylonischen Frauenmantels, der umgekehrt wie die nubische Ferda angelegt wird, so daß er sich auf dem Rücken kreuzt.

sich einige mehr oder minder gut erhaltene Statuetten, die eine ganz originelle Tracht zeigen. Schon aus den oberen Teilen einer solchen Statuette, deren unterer Teil leider fehlt, gewinnen wir ein deutliches Bild davon, wie jener altbabylonische Mantel angelegt wurde (Abb. 97 a und b). Wir bemerken da mit Erstaunen den gleichen Gedanken wie bei der nubischen Ferda, allerdings in umgekehrter Weise. In Babylonien liegt die Mitte des oberen Saumes auf der Brust, nicht wie bei der Ferda auf dem Rücken. Man führt die beiden Flügel des Tuches unter den Armen durch nach hinten, kreuzt sie auf dem Rücken, nicht auf der Brust wie bei der Ferda, und zieht die Enden über die Schultern nach vorn, wo sie die Arme halb verdeckend herabfallen. Bei der Ferda hängen dagegen, wie wir gesehen haben, die Enden auf den Rücken herab. Obgleich dieses Umschlage-tuch auf den babylonischen Plastiken ganz glatt und fast faltenlos erscheint, müssen wir es uns ähnlich faltenreich denken wie die Ferda. Es sei noch bemerkt, daß das Anlegen der Ferda leicht von statten geht, während es bei dem babylonischen Frauenmantel einige Schwierigkeiten macht.

Von den Babyloniern kam diese Manteltracht zu den Ägyptern. Aber erst im neuen Reiche wird sie die Tracht der vornehmen Frau des Nillandes und auch die der Pharaonen, aber nur sie, nicht die übrigen Ägypter, erscheinen in einem ähnlichen Umschlagetuch. Die eigenartige ägyptische Darstellungsweise macht es natürlich nicht leicht, die Identität des babylonischen und ägyptischen Mantels zu erkennen. Vergleicht man aber z. B. die schöne antike Statue einer Isispriesterin vom Kapitol zu Rom (Abb. 98), mit gemalten Darstellungen von Königinnen des neuen Reiches (Abb. 99), so wird man zu der Über-

Abbildung 98

Der altägyptische Frauenmantel in römischer Darstellung. Deutlich ist die Knotung auf der Brust wiedergegeben. Beide Schultern sind bedeckt. Unter dem Mantel eine Armeltunika der Spätzeit. Auf dem Kopf ein Schleier. Nach der Isisstatue im Museum des Kapitols zu Rom.

Abbildung 99

Der auf der Brust geknotete altägyptische Frauenmantel,der beide Schultern bedeckt. Vom Knoten herab hängen zwei lange Schmuckbänder in den Farben rot und blau. Der Mantel ist, wie immer, weiß und durchsichtig. Nach einem Stuckbild im Berliner Museum, das die Gemahlin Omenophis I. darstellt.

Abbildung 100a und b

Darstellung der Vorder- und Rückseite des altägyptischen Frauenmantels. Spätzeit. Bronzefigur im ägyptischen Museum, Berlin. Hier ist nur der über die rechte Schulter laufende Zipfel des Mantels mit dem oberen Saum der Mittelpartie verknotet. Der linke Zipfel hängt lose über Schulter und Oberarm herab wie beim babylonischen Frauenmantel. Die Kreuzung auf dem Rücken ist an der Linienführung der Falten zwar bemerkbar, wird aber durch die lange Perücke verdeckt.

zeugung kommen, daß in beiden Fällen dasselbe Gewand, eben das altbabylonische, gemeint ist, dessen Enden man in Ägypten nur nicht herabhängen ließ, sondern nach libysch-hamitischer Sitte vorn auf der Brust oder der Mitte des Obersaums zusammenknotete. Die Rückseite einer Bronzefigur im Berliner ägyptischen Museum (Abb. 100 a u. b) zeigt ganz deutlich die Rückenkreuzung, die wir beim babylonischen Mantel beobachtet haben.

Noch ein anderer Manteltypus sei erwähnt, der in der Elfenbeinstatuette einer babylonischen Frauenfigur, die in Susa gefunden wurde, dargestellt wird (Abb. 101). Leider ist die linke Seite dieser Statuette stark beschädigt, so daß man mit Sicherheit die Lage der Gewandteile über dem linken Arm nicht feststellen kann, dagegen bemerkt man deutlich, daß der über die Brust laufende obere Mantelsaum nicht unter den Arm, sondern über die linke Schulter nach hinten führt. Dieser Typus leitet, wie mir scheint, auf den babylonischen Männermantel zurück. Der Unterschied zwischen ihm und dem der Statuette besteht darin, daß bei dem der Frauenstatuette das Mantelende nicht seitlich unter den rechten Arm geführt und dort in den Brustsaum gesteckt ist, sondern von hinten um den Nacken herum über die rechte Schulter den Arm halb verdeckend nach vorn fällt. Auch diese Mantelform hat die ägyptische Tracht übernommen; nur ist der Mantel durch Zusammenknotung der Enden ägyptisiert worden. Der babylonische Mantel der oben beschriebenen Form ist als Bestandteil der hethitisch-kleinasiatischen Tracht sehr oft nachzuweisen, z. B. auf Reliefs von Sendschirli, Boghazköi u. a. m. (Abb. 80). Aber auch die Assyrer kannten und benutzten die Mantelform mit der von hinten her bedeckten rechten Schulter, besonders die Könige beim Opfern. Allerdings ist der assyrische Opfermantel gegürtet und nach alter Sitte reich mit Fransen besetzt. Er zeigt eigenartigerweise in seinem unteren Teile zwei Fransensäume, was die Vermutung nahe legt, daß dieser Mantel etwa wie die Toga gedoppelt getragen wurde[1]). Der linke Arm des opfernden Königs ist bis auf die Hand verdeckt; sie zieht den sonst schräg über die Brust laufenden Obersaum des Mantels bis zur Gürtung herunter (Abb. 102 und 103).

Abbildung 101

Frauenstatuette aus Elfenbein (de Morgan, Délég., en Perse VII, Pl. IVa). Altbabylonischer Frauenmantel mit dem Motiv des schrägen Emporwurfs. Das Ende des Mantels ist von hinten her über die Schulter gezogen, so daß der rechte Oberarm mit verdeckt wird. Die linke Seite der Figur ist leider stark beschädigt, so daß die Lage des Mantels an dieser Stelle nicht leicht festzustellen ist.

Abbildung 102 und 103

Die assyrischen Könige Assarhaddon und Salmanassar II. nach Besold, Niniveh und Babylon. Beide sind in derselben Tracht beim Opfern dargestellt. Assarhaddon zeigt die rechte Seite des Opfermantels, Salmanassar die linke. Der linke Arm bleibt beim Opfern immer verhüllt, das Motiv „manum inter pallium continere" wird auf dieselbe Weise hergestellt wie bei den Abyssinier (Abb. 78). Der Mantel ist immer gegürtet, und zwar scheint der Zipfel zum Gurt verlängert oder doch mit dem Gurt in Verbindung gebracht. Die mehrfachen Troddelsäume lassen auf eine Doppelung schließen, ähnlich der römischen Toga, oder aber es wäre ein extra aufgesetzter Troddelsaum anzunehmen, der dem Zierstreifen am abyssinischen Chargef entspräche.

---

[1]) Daß der assyrische Mantel etwa, wie die Toga, eine ovale Form hatte, ist nicht festzustellen und auch wenig wahrscheinlich, obgleich Versuche mit großen ovalen Mänteln an lebenden Personen gute Resultate ergaben. Die sich verjüngenden Enden solcher Mäntel lassen sich als leichter Gürtel um den Leib winden, ein Motiv, das ja bei der Toga als „cinctus gabinus" angewandt wurde und auch in Nordafrika mit den Enden des allerdings rechteckigen Haiks hervorgebracht wird.

UMWURFKOMBINATIONEN ODER WICKELMANTEL.

Abbildung 104

Ein junger Somalikrieger im Marro. Die rechte Schulter bleibt unbedeckt. Das Gürtelmotiv kommt deutlich zum Ausdruck, ebenso das Schurzmotiv des Anfanges. Der Marro ist hier gegürtet, der Lederriemen aber durch das herabfallende Gürtelmotiv verdeckt.

Wir haben bereits im Haik der Nordafrikaner eine aus dem Exomistypus entstandene Umwurfkombination kennen gelernt; jetzt wenden wir uns zu dem großen faltenreichen Mantel der hamitischen Somali im Osten Afrikas. Der Somalimantel erscheint mir besonders interessant, da sein Faltengewirr und seine vielen Umwickelungen einem zunächst nicht klar werden, ja sogar zwecklos vorkommen. Wenn man allerdings weiß, daß der „Dur" oder „Marro", wie die Somali ihren Umwurf nennen, dazu dient, einen schrägen Emporwurf, einen Hüftenschurz, eine Leibbinde und einen Schulterumwurf in sich zu vereinen, sind die vielen Wicklungen und Falten nicht mehr befremdlich. Der Dur oder Marro ist meist 300 cm breit und 6-700 cm lang; er hat wie

Abbildung 105

Ein Somalimann im Marro. Das Gürtelmotiv ist bis auf die Füße heruntergeglitten. Das linke herabhängende Ende des Marro kann auch über die rechte Schulter nach hinten geworfen werden, so daß eine vollständige Verhüllung entsteht.

die abyssinische Schama in der Mitte eine Längsnaht, da er aus zwei aneinandergenähten Stoffbahnen besteht. „Dur" heißt der Mantel aus einfacher weißer Baumwolle, und „Marro", wenn er in der Mitte durch rote Fäden zusammengenäht ist und außerdem eine rote Webekante hat. Die Somalifrauen tragen ein Tuch, das „Dau" genannt wird; die Dauteile sind häufig zur Hälfte von roter und blauer Farbe. Das Dau wird als Kombination von Exomis und Hüftentuch angelegt[1]). Ich habe in Ausstellungen Somalimänner außer in weißen auch in buntgemusterten, meist rot- und gelbkarierten Mänteln gesehen und solche auch auf photographischen Aufnahmen aus dem Somalilande feststellen können. Ich will jetzt zu beschreiben versuchen, wie man den Marro oder den Dur anlegt. Angenommen, der ganze Stoff des Umwurfes läge vor unseren Füßen am Boden, so ergreift man einen Eckzipfel und wirft ihn über Brust und linke Schulter nach hinten, bis er ans Gesäß herabhängt. Die Folge des nach Bedarf gefalteten Stoffes führt man zunächst rechts unter dem Arm herum nach hinten, über den unteren Rücken und die linke Seite wieder nach vorn an die Mitte des Leibes, wo man die Tuchbreite zusammenrafft, so daß eine Binde entsteht, die man ein- oder zweimal als Gürtel um den Körper schlägt. Damit hält man den eben entstandenen Schurz und den auf dem Rücken herabhängenden Anfangszipfel

---

[1]) Obige Angaben entnehme ich dem Werke Paulitschkes über die Somali, Galla und Harrari, Leipz. 1888.

Abbildung 106
Syrischer Krieger in vierteiliger Tracht,
Schurz, Gürtel, Brustbinden und Schulter-
hülle. Von einer Malerei in Abu Simbel
(Rosellini, Monumenti d'ell Egitto).

Abbildung 107
Syrische Krieger, zum Teil in Wickelgewändern,
die in der unteren Partie schurzartig angelegt sind.
Nach Wilkinson, Manners and costumes.

des Emporwurfes fest. Das übriggebliebene Ende, den letzten Dritteil, führt man wieder in losen Falten vom Gürtel weg nach hinten den Rücken hinauf über die linke Schulter nach vorn, wo man es entweder den Arm bedeckend herabhängen läßt, oder als vollständige Verhüllung in der Art des Periblema über Brust und rechte Schulter hinweg nach hinten wirft (Abb. 104 u. 105). Über die gewundene Leibbinde schnallen die Somali oft noch einen Ledergurt mit einem daran befestigten Dolch.

Der Somalimantel in seiner ganzen Kompliziertheit kann unmöglich eine Erfindung der Somali selbst sein. Er muß schon älter und von einem älteren Kulturvolke über-

Abbildung 108
Syrisches Kombinations-Wickel-
gewand aus einem großen Tuch
bestehend. Nach ägyptischer Darstellung der 18. Dynastie.

Abbildung 109
Ein Syrer im bunten Wickelgewand,
dessen Partien abwechselnd rot und
blau gefärbt sind. Nach einer Malerei
im Grabe des Huï. in Theben, 18. Dyn.,
etwa 1350 v. Chr. Lepsius, Denkmäler.

Abbildung 110
Ein Syrer im Wickelgewand, von
einer Fayenceplatte aus dem
Palaste Ramses III. in Medinet
Habu.

nommen worden sein, wie auch die Abyssinier ihre Schama aus dem vorderen Orient übernommen haben. Da der Marro eine Kombination von vier Motiven ist, müssen wir seine Herkunft dort suchen, wo früher ähnliche Motive in der Kleidung vorkamen.

Aus den Elementen: Schräger Emporwurf, Schurz, Leibbinde und Schulterumwurf bestand im Altertum die Kleidung einiger syrischer Stämme. Auf einer Wandmalerei in

Abu Simbel (Oberägypten) ist dargestellt, wie Ramses II. mit seinen Söhnen eine syrische Bergfeste erobert. Die Syrer auf diesem Bilde sind bekleidet mit einem langen Hüftenschurz, mit breiten Stoffstreifen, die quer über die Brust laufen, und mit einem Schulterumwurf. Ein Gurt hält ihren Schurz zusammen (Abb. 106). Alle vier Teile der Kleidung hängen anscheinend unter sich nicht zusammen. Auf anderen Darstellungen von Völkern Palästinas, bei den „Kharus" z. B. (Abb. 107), erscheinen einige dieser einzelnen Gewandstücke schon zu einem zusammenhängenden Stoffstück vereinigt, aber ihre wirkliche Vereinigung läßt sich erst einwandfrei an der Kleidung der Syrer feststellen, die dem ägyptischen Könige Tutmeh-amon Tribut bringen[1]). Die Syrer auf diesem Bilde sind beinahe vollständig in ein buntes, meist blau und rot geteiltes Tuch eingewickelt. Deutlich unterscheidet man die Motive Schurz, Leibwickel und das Schultertuch. Der Emporwurf ist nicht festzustellen; ist er doch auch beim Somaliumwurf meist verdeckt. Dagegen hält wie bei den Somali der Ledergurt, ein besonderer Stoffgurt, den syrischen Umwurf zusammen (Abb. 108, 109, 110). Andere ägyptische Reliefs schildern die syrische Kleidung ganz ähnlich, nur einfacher (Abb. 111).

Bei einem Vergleich der nach dem Leben aufgenommenen Somalikleidung mit der syrischen Tracht, wie sie die ägyptischen Künstler wiedergeben, wird man zunächst wenig Ähnlichkeit bemerken. Sieht man jedoch von Einzelheiten ab und bedenkt außerdem, daß die Ägypter bei der künstlerischen Wiedergabe von bekleideten Personen die Gewandmotive den Profillinien ihrer Figuren anpaßten, so wird man zufrieden sein, feststellen zu können, daß die Motive, Schurz, Leibwickel und Schulterumwurf sowie der Gürtel die Grundzüge des syrischen Gewandes ausmachen. Für unsere Betrachtung muß es genügen, die gleiche Kombination der Umwurfsmotive bei den alten Syrern und den modernen Somali erkannt zu haben. Wir lassen es dahingestellt sein, auf welchem Wege die Somali diese eigentümliche Tracht kennen gelernt haben; wir denken gibt, daß auch die Sabäer auf den Denkmälern eine ähnliche Wickeltracht tragen. Gleichwie der Somali manchmal auf den Schulterumwurf verzichtet und das Ende seiner Marro nur als Leibbinde verwendet, macht es auch der Nubier oft mit seiner Ferda, so daß schließlich nur noch die beiden Motive Schurz und Leibbinde übrig bleiben (Abb. 112). Ähnlich haben die alten Völker Palästinas, die Juden z. B. auf dem Obelisk Salmanassars II. ihre Umwürfe nur als Leibwickel und Schurz verwandt.

---

[1]) Auf der berühmten Wandmalerei im Grabe des Hui in Theben.

14. Kapitel

DIE INDISCHEN UMSCHLAGETÜCHER.

Abbildung 113
Post Asckau Spultur. Relief von Amaravati.
Ein Beispiel altindischer Männertracht.

Die Bildwerke der altindischen Felstempel von Karli, Barhut, Amaravati und die von der großen Stupa zu Santschi sowie die Skulpturen von Orissa und die Malereien des Höhlentempels von Ajanta zeigen eine Fülle von Figuren, die eine gute Vorstellung der früheren indischen Kleidung geben. Allerdings entstammen die indischen Felsskulpturen keiner so frühen Zeit wie die babylonischen und die ägyptischen, denn ihre Entstehung reicht kaum bis ins dritte Jahrhundert hinauf; aber viel primitiver als die Tempelskulpturen zeigen, können die Inder im hohen Altertum kaum bekleidet gewesen sein. Eigentlich kann man das, womit die Figuren behangen sind, gar nicht Kleidung nennen; es ist mehr Körperschmuck. Selbst das Hüftentuch ist kaum mehr als ein zierliches Dekorationsstück (Abb. 113). Dasselbe gilt von dem schmalen dünnen Schal, den die Inder außer dem Schurze ganz lose und nachlässig um den Oberkörper oder die Arme gelegt haben, dessen Anlage aber der Rückendecke, der Chlaina oder dem schrägen Emporwurf entspricht[1]). Die hier in großen Zügen beschriebene urindische Tracht wird später durch fremde Einflüsse, durch griechische und persische, im Mittelalter durch mongolische allmählich verdrängt und erhält sich nur noch im Süden und Südosten, wo man am besten ihre Weiterentwickelung verfolgen kann.

Die urindischen Kleider sind auch heute noch wie im Altertum nur Tücher: Hüftentücher, Schultertücher, Kopfhüllen von durchgehend rechteckiger Form. Man bedient sich ihrer noch auf dieselbe Weise wie früher, denn sie sind dem Klima angepaßt, man trägt aber in Verbindung mit ihnen genähte Kleidungsstücke, so z. B. eine kurze persisch-mongolische Jacke zum Dhoti (Taf. 94), dem Hüftentuch. Die von Norden her eingeführte Jacke mußte sich allerdings dem indischen Klima anpassen, denn sie ist in den meisten Fällen aus dünnem Musselin gemacht. Das urindische leichte Umschlagetuch wird über der Jacke getragen. Das Hüftentuch der indischen Männer, der Dhoti, wird auf ver-

---

[1]) Kaum ein anderes Volk war wohl so schmuckliebend wie die Inder. Meist ist der Leib des vornehmen Inders förmlich bedeckt mit Zieraten wie Brustketten, Halsbändern und Armbändern, Knöchelringen, Ohrpflöcken, Nasenringen und anderem mehr. Die Haartrachten der Männer, welche nach Landesbrauch durch verschiedene Knotung Ortsangehörigkeit und Stand betonen, wurden mit langen Bändern umwickelt, woraus die vielen unterschiedlichen Formen des Turbans, z. B. die des Pagri, Dastar, Nastalik u. a. m. entstehen. Der Turban ist heute in vielen Fällen und an bestimmten Orten zu einer steifen Pappform geworden, die mit Bändern überzogen ist. Durch die Form des Turbans ist der längst fast überall abgekommene, traditionelle Haarknoten, Tschampú, ersetzt. Die festen Formen des Turbans werden in der Regel von den Hindus getragen, während die Muhammedaner des nordwestlichen Indien den gewickelten Turban vorziehen. Die Frauen tragen statt des Turbans nur Haarschmuck oder schleierartige Tücher.

schiedene Weise getragen. Der Inder wickelt sich aus ihm, wie schon früher erwähnt, auch seine Hosen. Der Dhoti ist meist weiß mit farbiger Kante, jedoch kommen besonders in Ceylon auch farbig gemusterte und karierte Tücher vor. Ebenso trifft man in Nordindien, in Delhi und anderen Städten, farbige Hüftentücher, doch herrscht, wie gesagt, die weiße Farbe vor.

Die Größe des zum Dhoti verwandten Tuches ist aus Tafel 94 ersichtlich, jedoch gibt es auch schmälere Formen.

Das Frauen-Umschlagetuch, der „Sari", ist dagegen fast immer farbig gehalten, eintönig oder gemustert, stets mit einer andersfarbigen Kante versehen. Die Sari's der

Abbildung 114

Darstellung des Pudawei an einer bemalten Figur aus Holz und Papiermaché von Pondyschéri (Pudutschéri). Museum für Völkerkunde, Berlin.

Abbildung 115

Südindische Tänzerin im Pudawei. Unter demselben das kurze Leibchen „Tscholi".

Abbildung 116

Vornehme Parsifrau aus Bombay. Der Sari ist aus hellfarbiger Seide, der angewebte schwarze Saum ist mit buntfarbiger Stickerei dekoriert. Das Ende des Sari ist von hinten her über den Kopf nach vorn genommen und die obere Endkante in der linken Hüftengegend befestigt.

indischen Damen bestanden oft aus den wundervollsten Geweben von Musselin oder auch aus Seide mit angewebten Kanten und Abschlüssen von Goldbrokat. Auch solche, die über und über bestickt waren, als wären sie mit Blumen bestreut, kamen vor. Für die ärmere Bevölkerung stellte man aus Baumwolle gewebte Sari's her[1]). Der „Sari" oder südindisch „Pudawei" ist ein langes Tuch, das dazu dient, eine Verbindung von Hüftentuch oder Rock, Schultertuch und Kopfhülle herzustellen. Außerdem verwendet man sein Ende noch als Gürtel oder Schärpe. Der Sari ist also wie der Somalimantel eine Umwurfkombination. Das Durchschnittsmaß der dazu verwendeten Tücher beträgt 640 cm in der Länge und 108 cm in der Breite. Nicht überall in Indien legt man die Tücher auf die gleiche Weise an. Die südindische Form muß durchaus von der bengalischen geschieden werden, und auch die aus der Gegend von Bombay und Puna ist von den beiden anderen abweichend. Versuchen wir nun, uns die verschiedenen Formen des Anlegens dieser Kleidung klarzumachen.

Beim Umlegen des Pudawei wird zuerst ein Hüftenschurz gebildet, den man vorn durch Umklappen und Einstecken einer kleinen Partie des oberen Saumes festmacht.

---

[1]) Heute macht europäische Industrieware, die altertümliche Muster kopiert, leider dem einheimischen Kunstgewerbe erfolgreich Konkurrenz.

Nun wird die Stoffolge in etwa zehn handbreite Falten zusammengefaßt und auch in den Saum gesteckt. Auf diese Weise entsteht eine Art Rock mit großer Schrittweite[1]). Nunmehr wird der Stoff nach der linken Hüfte geführt, von dort nach hinten über das Kreuz schräg nach oben gezogen, dann nach der rechten Seite schräg über die Brust und die linke Schulter genommen, endlich den Rücken hinab nach der rechten Hüfte und von da nach vorn gebracht. Den Endstoff steckt man, jedoch so, daß der bordierte Schlußsaum als Zierde herunterhängen kann, linkseitig zwischen Hüfte und oberem Rocksaum. Damit ist ein schräges Schultertuch und eine Gürtelschärpe mit dem Rock in Zusammenhang gebracht und ein vollständiges und schönes Kleidungsstück geschaffen, das man ohne viel Mühe mit ein wenig Übung und Geschmack leicht herstellen kann.

Abbildung 117

Hindufrau aus Bombay in einem himbeerfarbenen Musselinsari mit angewebter Kante in den Farben gold, grün, weiß und schwarz. Nach indischer Originalfigur im Museum für Völkerkunde, Berlin.

Abbildung 118

Maráthifrau aus Puna im himbeerfarbenen Musselinsari mit Kante von Silber und Schwarz. Das Leibchen ist aus grüner Seide. Nach einer indischen bekleideten Tonfigur im Museum für Völkerkunde, Berlin.

Das wichtigste beim Anlegen solcher Gewänder ist immer die strenge Trennung der einzelnen Motive und hinwiederum deren Verbindung durch verständig angebrachte Falten (Abb. 114 und 115).

Anders wie die Südinderinnen legen die Frauen der Westküste, z. B. die Parsifrauen in Bombay, ihre Umschlagetücher um, die hier „Sari" genannt werden. Sie verwenden ihren Sari außerdem oft noch als Kopfhülle, indem sie ihn nicht nur über die Schulter, sondern über den Scheitel führen; dafür verzichten sie aber auf das Gürtelschärpenmotiv (Abb. 116).

Die Maharathifrauen beginnen etwas abweichend von der letztgenannten Art damit, daß sie den Stoffanfang vorn auf der linken Seite etwa einen Meter weit herunterhängen lassen; ähnlich wie die Männer tun, wenn sie aus ihrem Hüftentuch Hosen herstellen wollen. Das herunterhängende Ende wird zum Teil in Falten zusammengeschoben.

Der obere Saum des Sari, der um den Körper herumführt, wird schließlich vorn mit dem linken Schurzteil verbunden. Die Stoffolge wird in wagerechte Falten gequetscht, indem man den oberen und unteren Saum des Sari gardinenartig zusammenfügt und wieder in der Mitte des Schurzes befestigt. Von dort aus führt man die Stoffolge nach links hin einmal in der Hüftengegend um den Körper herum, dann wieder nach vorn, so daß eine Art Gesäßschürze entsteht. Anstatt nun den Stoff wieder vorn festzumachen, führt man ihn nach oben schräg über Brust, linke Schulter, linke Seite des Kopfes, Scheitel nach der rechten Kopfseite und läßt ihn dann über die rechte Schulter herabhängen. Die untere Abschlußbordüre wird mit der Hand festgehalten. Zum Schluß nimmt man das vorn herunterhängende Anfangsstück des Sari, führt es zwischen den Beinen

Abbildung 119

Frau niederer Kaste aus Bombay. Der untere Teil des baumwollenen Sari ist zu Hosen gewickelt, der obere verhüllt auch den Kopf. Der Fond des Sari ist hell- und dunkelblau kariert, der Saum rosa mit ockergelben Streifen, die dunkelblauen Einschuß haben. Das Leibchen ist aus weiß und schwarz gemustertem Kattun gemacht. Nach einer indischen bekleideten Tonfigur im Museum für Völkerkunde, Berlin.

Abbildung 120

Frau niederer Kaste aus Bengalen im weißen Sari. Nach einer indischen bekleideten Tonfigur im Museum für Völkerkunde, Berlin.

Abbildung 121

Frau aus Bengalen. Der Sari ist weiß, die Kante bilden braune und dunkelblaue Streifen. Nach einer indischen bekleideten Tonfigur im Museum für Völkerkunde, Berlin.

hindurch, nach hinten über das Gesäß und die Hinterschürze nach oben und steckt den Anfangssaum in der Mitte des Kreuzes zwischen dem Obersaum des Hüftentuchmotivs und der Körperhaut fest. Diese maharathische Form des Sari ist eine Verbindung von Rockhose und Halbrock, Gürtel, schrägem Schultertuch und Kopfhülle (Abb. 118).

Arbeitende Frauen der niederen Kasten in Bombay und Puna verhüllen sich auf ganz ähnliche Weise unter Verzicht auf die vorderen schönen Falten, so daß das Hosenmotiv auch vorn deutlich wird. Das Ende des Sari, das die rechte Schulter bedeckend herunterhängt, wird von diesen Frauen linksseitig der Hüfte im Gurt befestigt (Abb. 119).

In mehreren anderen Variationen wird der Sari bei den Bengalinnen getragen. Hier soll nur die gewöhnlichste, verbreitetste Art des bengalischen Umschlagetuches erwähnt werden. Der Anfang des Sari-Breitsaumes liegt vorn auf dem Leib, die Stoffolge berührt der Reihe nach linke Hüfte, Kreuz, dann rechte Hüfte, geht von hier aus sofort schräg nach oben, über die linke Schulter und den Kopf. Von der rechten Kopfseite aus geht sie hinter der rechten Schulter unter dem Arm nach vorn und wird endlich als Gürtelbinde um den ganzen Leib geschlungen, um damit dem losen Gefüge Halt zu geben. Der Sari ist in diesem Falle eine Kombination von Hüftentuch, schrägem Schultertuch mit Kopfhülle und Leibbinde. Von manchen Frauen wird das Ende des Sari nicht als Gürtel, sondern als schräger Emporwurf verwendet, indem sie es über die linke Schulter nach hinten werfen. Die erste Art ist bei Frauen der niederen Kasten üblich, während die zweite von besser gestellten Frauen angewendet wird (Abb. 120 und 121).

Mit den oben erwähnten Saritypen sind natürlich nicht alle, die in Indien vorkommen, geschildert; hier konnten nur die charakteristischesten erwähnt werden. Nur noch einer Kombination sei gedacht, die bei den Frauen der Gegend von Laknau im Gebrauch ist. Jene Frauen tragen nämlich einen wirklichen Faltenrock, der durch eine Zugschnur gegürtet wird. Busen, Schultern und Oberarme sind durch das kleine Jäckchen „Tscholi", das die meisten indischen Frauen tragen, bedeckt. Ein rechteckiges Tuch, dessen ungefähre Maße 200 cm Länge und 120 cm Breite betragen können, dient als Kopf- und Schulterhülle. Mit dem Anlegen dieses Tuches wird gewissermaßen eine Täuschung beabsichtigt. Man legt es nämlich mit der Mitte des Längssaumes auf den Kopf, so daß es über die Schultern auf den Rücken herabhängt. Dann faßt man die Ecke des links herabhängenden Zipfels und steckt ihn vorn seitlich zwischen Leib und Rockschnürung. Die rechts vom Kopf herabhängende Hälfte des Umwurfs führt man, Schulter und Oberarm verhüllend, quer über Brust und linke Schulter und läßt das Ende auf den Rücken herabhängen. Damit ist eine Kopfhülle entstanden, die der am nordafrikanischen Haik und der, die die Frau aus den Nairiländern auf dem assyrischen Relief (Abb. 96) trägt, ähnelt. Das Feststecken des Tuches am Rocksaum soll den Eindruck eines wirklichen Sari vortäuschen, als wären Rock und Umwurf aus einem Strück (Abb. 122). Das ganze Kleid erinnert in seinen einzelnen Motiven an die nordische Tracht, ist aber, ohne seine Form zu verändern, als Kombination aller dieser Motive zum echt indischen Kostüm geworden. Die Hindufrauen in Rajputana tragen ebenfalls ein Kopftuch in Verbindung mit Rock und Jäckchen. Die Muhammedanerinnen ziehen an Stelle des Jäckchens ein kurzärmeliges Hemdchen, „Kurti" genannt, an und machen außerdem oft durch Hochsstecken des unteren Rocksaumes in den Gurt aus ihrem Rock eine Art Hose.

Abbildung 122

Frau aus Laknau mit vorgetäuschtem
Sari, der aus Umschlagetuch und Rock
hergestellt ist. Nach einer bemalten
Tonfigur im Museum für Völkerkunde.
Berlin.

DAS HALSTUCH.

Das Halstuch ist kein Kleidungsstück des Südens. Nirgends sind auf altorientalischen Denkmälern Halstücher zu bemerken. Die ersten finden sich auf Grabmälern römischer Krieger in den rheinischen Provinzen dargestellt. Dort, in jenen für die Römer besonders rauhen Gegenden, war das Tuch, das man „focale" nannte, sehr notwendig. Man wickelte es lose um den Hals und steckte die Enden unter den Panzer. Seine Form geht aus den römischen Bildwerken nicht deutlich hervor, man wird aber in der Annahme kaum fehlgehen, daß ihre damalige Gestalt der heutigen, fast überall im Norden verbreiteten, ganz ähnlich war: ein langes Rechteck aus Wolle gewebt oder gestrickt. Die Halstücher vervollständigen zwar die Kleidung, sind aber selbständige Kleidungsstücke geblieben. Im nördlichen Asien hingegen findet man das Halstuch in einer Kombination mit dem Gewande, und zwar in seiner ganzen Länge an die obere Kante der übereinander klappbaren Gewand-Vorderteile oder des Halsloches angenäht. Aus der Anfügung des Halstuches an das Gewand ist der Kragen entstanden. An den tibetanischen Gewändern ist diese Vereinigung am besten erkennbar (Taf. 104). Unter den Mogulkaisern wurde dieses Kragengewand nach Indien eingeführt. Der im heißen Klima zwecklose Kragen wurde beibehalten, sozusagen als Stammes-Kennzeichen[1]), das ganze Gewand dagegen verlor den nordischen Charakter, weil es für Indien aus Musselin hergestellt wurde. Außer den tibetanischen Gewändern sind die turkistanischen und bocharischen „Chalats oder Tschapans" mit angenähten Kragen versehen (Taf. 107, 108, 109, 118 usw.). Auch die Leute von Kaschmir und Persien haben den Kragen, also das Halstuch, das allerdings etwas kunstreicher als bei den Tibetanern ist, an ihre Kleider angebracht (Taf. 83, 87, 88 u. 89). Die Japaner haben das lange schmale Halstuch ebenfalls an die Hals- und Brustöffnung ihrer wattierten Kimonos genäht, (oft reicht es bis zu den Knien), (Taf. 126 u. 127), und auch in Birma fehlt es nicht an den zarten Jackenkleidern der eingeborenen Frauen (Taf. 101). Die erwähnten Kleider sind alle Typen ohne ausgesprochene Halslöcher, Kleider, deren Entstehung vielleicht, wie schon früher bemerkt, von der Rücken- und Armdecke abzuleiten ist. Jedoch auch die Kleider mit dem runden Halsloch, also vom Ponchotypus, erhalten einen Kragenansatz, nämlich einen Stehkragen. Diesen Stehkragen trifft man bei den Mongolen, in Lappland, Birma bei den Buräten, Chinesen, Turkmenen und Nogaiertataren im nördlichen Kaukasus (Taf. 57 u. 59), an vielen türkischen Gewändern, und schließlich wird es an das persische Hemd gesetzt, dessen Halsloch wie das finnische seitlich schließbar ist. Damit sind wir bei der russischen Bluse (Rubaschka oder Kassawarotka) angelangt.

Schon früher hatte der Stehkragen in der europäischen Modetracht eine Rolle gespielt. Er tritt schon im 13. Jahrh. am spanischen Ritterkostüm auf und kam ebenfalls nach Italien, wo er zugleich mit den im 14. und 15. Jahrh. Mode gewordenen Turbanhüten auf den Bildern des Vittore Pisano, des Antonio Vivarini und anderer nachgewiesen werden kann. Er ist gewiß vom Orient eingeführt, dem bekanntlich die damalige venezianische Textil-

---

[1]) Vgl. Fritz Rumpf. Der Mensch und seine Tracht.

industrie ihre besten Anregungen und Muster verdankte. Am Ende des 15. Jahrh. findet man noch einen Stehkragen in Frankreich, der aber nur den Nacken hoch hinauf bedeckt und vorn schräg bis auf die Halsgrube ausgeschnitten ist. Damit hatte der Stehkragen am europäischen Kostüm vorläufig seine Rolle ausgespielt, bis er in der Kriegstracht um die Wende des 18. und 19. Jahrh. wieder auftaucht. Im napoleonischen Heere ist der vorn geschlossene Stehkragen schon allgemein üblich geworden. Er hält sich das ganze 19. Jahrh. hindurch als wichtiger Bestandteil der militärischen Tracht und wird auch als steifleinener Stehkragen in die Zivilkleidung übernommen. Übrigens hat sich in der europäischen Mode der frei aus dem Gewand herausragende Hals stets gegen den Stehkragen behauptet. Der Hals wurde im Mittelalter durch die Gugel (den Cucullus der Römer) mit beschützt, die zugleich Kopf und Schultern verdeckte. Der Baschlik der Kaukasier ist im Grunde auch nichts weiter, als eine mit einem Halstuch kombinierte Kapuze (Taf. 53).

Im Kragen unserer modernen Jacketts und Paletots müssen wir ebenfalls ein angenähtes Halstuch erkennen. Der sogenannte „Zweireiher", der am Ende des 18. Jahrh. von Polen und Rußland her in die europäische offizielle Tracht aufgenommen wurde, erinnert in seiner ganzen Einrichtung sehr an das oben besprochene Gewand der Mogul-

kaiser und Tibetaner. Unsere moderne Überkleidung könnte man somit als „salonfähig zurechtgestutzte" Mongolenkittel bezeichnen.

Die nahe Verwandtschaft in den Verschlußmotiven altzentralasiatischer Gewänder mit denen der polnischen und westeuropäischen unseres verflossenen Jahrhunderts zeigt sich, wenn man die Figuren aus den Tempel- und Kapellenruinen von Turfan mit den Bildern polnischer Edelleute unserer Zeit vergleicht (Abb. 123 -- 126)[1]). Der Halskragen konnte jedoch das eigentliche Ur-Halstuch nicht verdrängen, man trägt beides zusammen über oder untereinander, sogar als „Kragenschoner" und als Krawatte, die oft zu den scheußlichsten Gebilden abgeplattet ist.

[1]) Die Bilder dieser Zentralasiaten (man ist geneigt, sie Indoskythen zu nennen) entstammen den Skizzenbüchern des Herrn Prof. Dr. A. Grünwedel, die er auf seiner Expedition nach Turfan angelegt hat. Seiner Freundlichkeit habe ich es zu danken, daß er mich einiges daraus für meine Zwecke kopieren ließ.

JACKE UND WESTE.

Jacke und Weste sind eigentlich keine selbständigen Kleidungsstücke. Beide erhalten ihre Grundform von den großen Gewändern, aus denen sie entstanden sind. Sie sind im wahrsten Sinne nur Verkürzungen größerer Gewänder. Die Begriffe Jacke und Weste kann man nicht ohne weiteres trennen, da es Unterwesten mit Ärmeln und Überjacken ohne Ärmel gibt. Wir wollen unter Jacke das mit Ärmeln versehene Kleidungsstück verstehen und unter Weste das ärmellose, gleichgültig, ob sie über- oder untereinander getragen werden.

Die primitivsten Jacken und Westen sind heute noch in Indonesien, z. B. bei den Nias, im Gebrauch. Dort werden die Kleidungsstücke meist aus Rindenbast oder Geflecht gefertigt, sie stellen also eine Vorstufe zum gewebten Gewandstück dar. Die Indonesier tragen ihre Jacken oder Westen auf dem nackten Körper, da Untergewänder außer Schurz und Brusttuch bei ihnen nicht bekannt sind. Malayische Westenformen treten auch in der japanischen Tracht auf. Die Weste hat hier die der japanischen Tracht ensprechenden Ärmel von viereckiger Form erhalten. In Birma existieren ebenfalls malayische Jackenformen, kenntlich an der senkrechten Vorderöffnung. Auch die chinesische Tracht zeigt Überwesten, die vorne senkrecht aufgeschlitzt sind, aber durch Knoten und Schlingen verschlossen werden können (Taf. 125), während die japanischen, altbirmanischen sowie viele der indischen Überjacken durch Schnüre oder Bänder zugebunden werden (Taf. 94, 95, 96, 97 usw.). Ein ausgesprochener Jackentypus ist die chinesische Reit- oder Pferdejacke „makwa". Sie soll aus dem Norden Chinas stammen. In der Tat stellt sie auch den mongolischen Typus mit seitlichem Verschluß dar, wie er in China und Hinterindien üblich geworden war, nachdem er den offenbar älteren Typus allmählich verdrängt hatte. Die birmanischen Männerjacken sind ebenfalls von chinesisch-mongolischem Geschmack beeinflußt, wie man deutlich an der seitlich angefügten, oft bizarr ausgezackten Brustklappe sehen kann (Taf. 100).

In Tibet finden sich Überwesten, die man vorn übereinanderklappen kann (Taf. 103). Es ist der Jackentypus, der seit der Zeit der Mogulkaiser auch in Indien getragen wurde und den wir bereits mit dem Rock kombiniert kennen gelernt haben (s. S. 26). Der tibetanischen Form entspricht die kreuzweis geschlossene Weste, „Djamadan", der Türken und Balkanvölker, die sogar in Dalmatien und Albanien entweder mit oder ohne Ärmel getragen wird, hier aber entsprechend dem türkischen Geschmack mit weicher Bordüre verziert ist (Taf. 47). Eine sehr einfache Überweste ist das schon erwähnte, aus der zweiteiligen Schulterdecke entstandene Kleidungsstück aus dem Nestorianergebirge (Taf. 79 und 80). Aus diesem Typus entstand allmählich durch Abrundung der Ecken und unter Anpassung an den Djubbehtypus (Taf. 23) die türkische Überweste, die durch ihre meist sehr geschmackvolle Ausstattung mit Passementrie auffällt. Fügte man lange Ärmel an, die aber unten vollständig offen gelassen sind und gewissermaßen nur wie lange schmale Decken von den Schultern hinten herabbaumeln, so entstand der „Tschepken", die reich ausgestattete Reiterjacke der Kurden und Syrer (Taf. 74). Sie ist aus Tuch hergestellt, die offenen Ärmel meist mit Seide gefüttert und reich mit ornamentaler Verschnürung in Schwarz, Gold und Silber oder auch, wie im Balkan und Keinasien, in anderen Farbtönen gehalten. Zu derselben Gruppe gehört auch eine Westenform mit vorn senkrechtem Verschluß aus dicht aneinandergereihten kleinen, mit Seide übersponnenen Knöpfen und

Schlingen aus Seidenschnüren (Taf. 7). Vielfach sind diese Westen nicht aus Tuch, sondern aus gestreifter Seide oder Baumwolle verfertigt wie der Entari oder Kaftan; aber auch in diesem Falle erhält sie denselben Bordürenverschluß aus Knöpfen, Schlingen und Schnüren in angepaßtem Farbton (Taf. 21, 38 u. 47). Diese Art Westen sind weit verbreitet und werden als Unterkleider unter dem Kaftan oder Entari, der Djebba, dem Tschepken und anderen Gewändern fast überall im vorderen Orient und Maghreb getragen. Sie gaben die Grundlage zu unserer europäischen „Einreiherweste", während der Djamadan der „Zweireiherweste" entspricht.

Die orientalische Einreiherweste wird durch Anfügung von Ärmeln zur Unterjacke „Mintan" gemacht, dann fehlen ihr oft die Knöpfe und Schlingen, die keinen dekorativen Zweck mehr haben, da eine andere Oberweste, meist der ärmellose Djamadan darüber angelegt wird (Taf. 47). Über den Djamadan tragen besonders die Balkanvölker oftmals eine kurze reich bestickte Überweste, die so schmal ist, daß der darunterliegende verzierte Djamadan gut zur Geltung kommt (Taf. 47). Den Mintan tragen auch die Frauen der Balkanvölker, Kleinasiaten und der Südkaukasier als Unterjacke, er ist in diesem Falle vorn tief rundlich ausgeschnitten (Taf. 72). Einen aus dem Kaftan entstandenen Unterjackentypus sieht man in der Jacke eines Kurden aus der Gegend von Eriwan (Taf. 76). Er ist charakterisiert durch die schrägen sich nach unten verbreiternden Ansätze, und wie der Kaftan immer aus gestreiftem Stoff hergestellt. Über dieser Jacke trägt der kleinasiatische Türke noch eine andere kurze Jacke aus Tuch (Taf. 45), die weiter nichts als eine Verkürzung der schon häufig erwähnten Djubbeh (Taf. 23) ist, jenes schönen Gewandes mit dem originellen Schnitt, das durch eine sich nach unten verjüngende Hinterbahn bemerkenswert ist. Denselben Jackentyp treffen wir, durch die Türken eingeführt, auch in Tunis unter der Bezeichnung „oughrlila" an (Taf. 7). Dazu tragen die Tunesier die „Ssedria", die Weste mit dem senkrechten Knopfverschluß oder eine vollständig geschlossene, auf der Schulter schließbare, gewissermaßen zur Weste eingeschrumpfte Tunika oder Djebba (Taf. 6). Von Nordafrika aus verbreitet sich dieser Jackentypus nach Italien und Spanien und vom Balkan her nach Norden (Ungarn, Mähren usw.), wodurch die Volkstrachten beeinflußt und bereichert werden.

Es wäre nun noch eine andere kurze Jacke zu erwähnen, die fast dieselbe Verbreitung hat wie der Mintan, es ist die „Salta" (Taf. 39). Sie dient Männern und Frauen als Überjacke und wird in der Regel aus Tuch hergestellt. Die Frauen lieben es, sie mit Goldstickereien verziert zu tragen. Die Salta hat fast immer breite Ärmel und wird hauptsächlich über dem Kaftan getragen, jedoch tragen sie auch die palästinensischen Frauen über ihren spitzärmeligen Hemdgewändern, so daß die Spitzen der Hemdärmel lang aus den Ärmeln der Salta heraushängen. Oft wird sie auch unter der Aba getragen. Die Salta der Sammlung Gentz (auf Taf. 39) weicht von der gewöhnlichen Form ab, da sie enge Ärmel hat und nicht aus Tuch gefertigt ist.

Zum Schluß will ich noch kurz jene originellen Jäckchen und Jacken nennen, die von den Frauen des südöstlichen Kaukasus und im Daghestan sowie in Persien getragen werden (Taf. 61 u. 62). Sie sitzen fest in der Taille und ihr unterer Teil läuft, im südlichen Kaukasus, in ein ganz winziges Schößchen aus, das sogar meist nur seitlich angedeutet ist, im nördlichen dagegen wird ein Schoß von größeren Dimensionen angefügt. Die Ärmel sind entweder ganz kurz oder hängen als Schmuckärmel unbenutzt, fast immer auf dem Rücken zusammengenestelt, herab. Das kurzschößige Jäckchen wird oft als Unterjacke getragen, während die längere Schoßjacke (Taf. 65) den Überrock abgibt. Diese Jacken sind persisch-tatarischen Ursprungs, ihre Form gehört zu den Kombinationsgewändern Leibchen und Rock, die in vielen Variationen auch der russischen Volkstracht eigen sind.

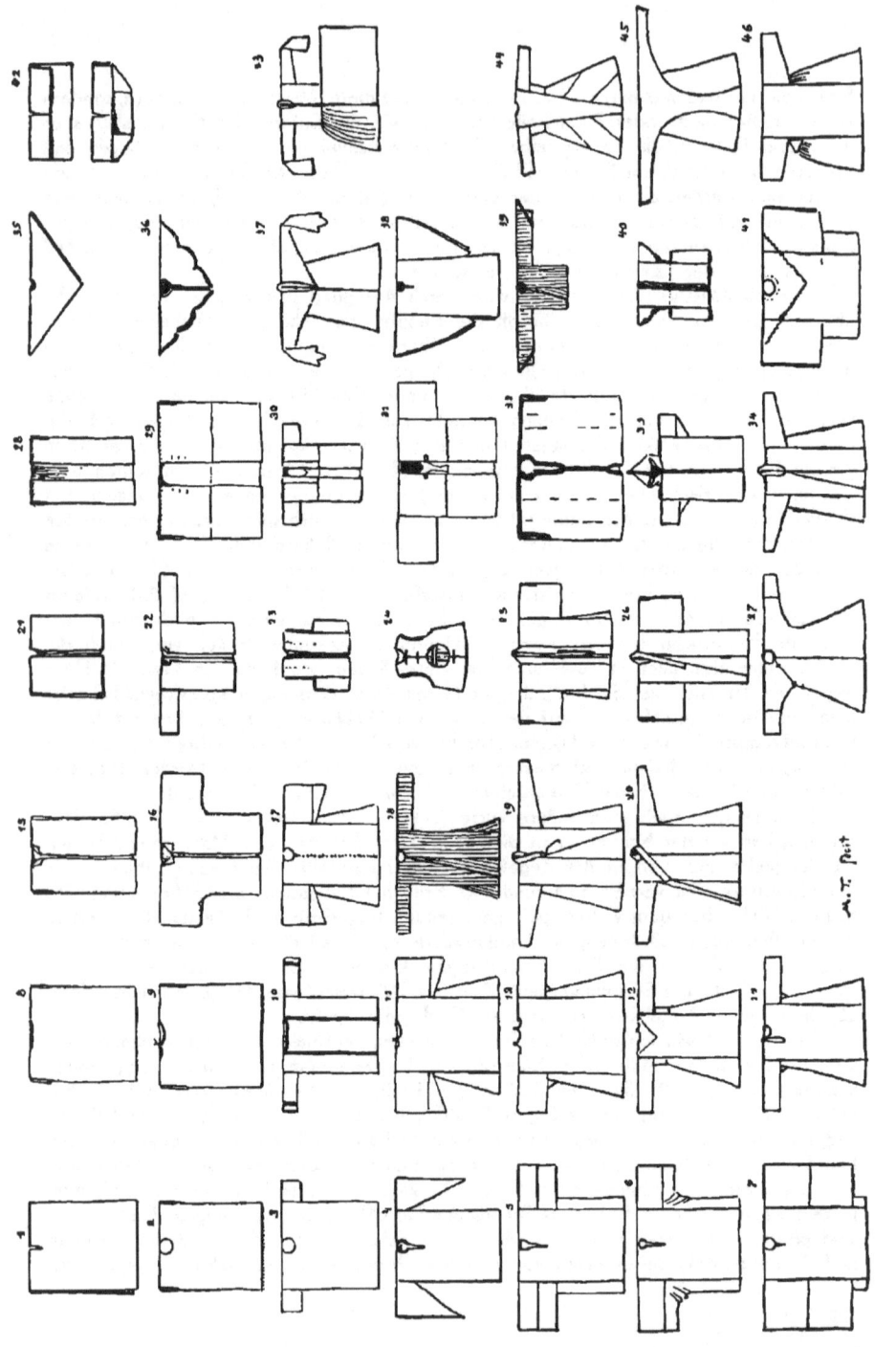

Erläuterungen hierzu siehe Seite 71

GEWAND-URTYPEN
UND DIE AUF IHNEN BASIERENDEN GEWANDFORMEN.

(Vgl. die Skizze Seite 70)

1—14. Der einfache geschlossene Poncho. 15—20. Der vorn senkrecht aufgeschnittene Poncho. 21—27. Der Poncho aus zwei Teilen mit Rückennaht. 28—34. Das Gewand mit der Schulternaht. 35—41. Die diagonal gelegte Schulterdecke. 42. Indisches Leibchen. 43. Kombination von Leibchen und Rock. 44—46. Verschiedene Verjüngung der Seitenteile.

1. Poncho oder Schulterdecke.
2. Altorientalisches Hemdgewand.
3. Altorientalisches Hemdgewand mit kurzen Armeln.
4. Gewand mit Spitzärmeln. Palästina.
5. Gewand mit breiten Armeln und geradem Seitenansatz.
6. Türkisches Hemd mit seitlichem Einsatz.
7. Breites Frauenhemd mit sehr weiten Armeln. Ägypten.
8. Römische Tunika mit wagerechtem Halsloch.
9. Marokkanische Djebba mit breitem Halstuch, seitlich zum Zubinden, Exomisform.
10. Koptisch-römische Tunika.
11. Marokkanisches Hemd.
12. Afghanisches Hemd. Auf beiden Seiten des Halses knöpfbar.
13. Hemd aus dem ägyptischen Sudan.
14. Persisch-indisches Hemd.
15. Primitiver Überrock eines Jeziden, südl. Kaukasus.
16. Primitiver Überrock mit Armeln. Daghestan und Westpersien.
17. Marokkanisches Gewand aus Tuch, vorn in der ganzen Länge knöpfbar.
18. Kaftan. Vorderer Orient.
19. Tschapan oder Chalat. Zentralasien.
20. Gewand aus Tibet.
21. Poncho aus zwei Teilen.
22. Aissorenjacke.

23. Kurdenjacke.
24. Chinesische Oberjacke.
25. Japanischer Überrock.
26. Japanischer Kimono.
27. Chinesisch-mongolisches Gewand.
28. Primitiver Überrock mit Schulternaht. Syrien.
29. Aba.
30. Maschla, kleine Form, Jacke.
31. Maschla, große Form, Mantel.
32. Kandura. Nordafrika.
33. Djellaba. Nordafrika.
34. Tschoga. Kaschmir.
35. Diagonal gelegte Schulterdecke.
36. Diagonal gelegte Schulterdecke. Priestertracht. Lamaistisch.
37. Filzmantel aus einem Stück geschnitten. Auf dem Rücken und an den Seiten ist keine Naht. Ildschi, Turkestan.
38. Ehrenkleid eines Abyssiniers, seitlich offen.
39. Türkischer Mintan.
40. Fellmantel aus Yemen. Arabien.
41. Tobe aus Togo. Die Schulterdecke als Ornamentmotiv.
42. Herstellungsweise eines Tscholi. Indien.
43. Kombination von Leibchen und Rock.
44. Djubbeh. Rückenansicht.
45. Altpersischer Mantel. 600 n. Chr. Rückenansicht.
46. Seitlich angekrauste Einsätze.

Zeitfracht Medien GmbH
Ferdinand-Jühlke-Straße 7
99095 Erfurt, Deutschland
produktsicherheit@kolibri360.de